A FÓRMULA DO BOM HUMOR

E os cinco remédios contra a tristeza

@editoraquadrante
@editoraquadrante
@quadranteeditora
Quadrante

CARLO DE MARCHI

A FÓRMULA DO BOM HUMOR

E os cinco remédios
contra a tristeza

Tradução
Silvia Massimini Felix

QUADRANTE

São Paulo
2018

© Edizioni Ares, 2017

Capa
Bruno Ortega

Título original
La formula del buonumore : con i 5 rimedi contro la tristezza

---

Dados Internacionais de Catalogação na Publicação (CIP)
(Câmara Brasileira do Livro, SP, Brasil)

De Marchi, Carlo

A fórmula do bom humor : e os cinco remédios contra a tristeza / Carlo De Marchi ; tradução Silvia Massimini Felix – São Paulo : Quadrante, 2018.

Título original: *La formula del buonumore : con i 5 rimedi contro la tristezza.*
ISBN: 978-85-54991-15-9

1. Amizade 2. Conduta de vida 3. Conduta de vida – Aspectos religiosos 4. Felicidade 5. Gentileza 6. Relações interpessoais I. Título. II. Série.

18-19615   CDD 248.4

Índice para catálogo sistemático:
1. Bom humor : Conduta de vida : Cristianismo 248.4

Todos os direitos reservados a
QUADRANTE EDITORA
Rua Bernardo da Veiga, 47 - Tel.: 3873-2270
CEP 01252-020 - São Paulo - SP
www.quadrante.com.br / atendimento@quadrante.com.br

Sumário

Introdução 11

I. O que é a afabilidade 17
    Ser afável é uma coisa boa? 18
    Sorrir encontrando os outros 21

II. Tratar cada um do jeito que merece 25
    Uma questão de justiça? 27
    O que as pessoas merecem 31

III. Aprender as boas maneiras 53
    Convenções, técnicas de manipulação... ou outra coisa? 53
    O fascínio da elegância 59
    O corpo como abertura aos outros 69

IV. Sorrir encontrando a si mesmo 77

V. Uma leitura teológica do sorriso 87

VI. Os cinco remédios contra a tristeza 95

VII. Por uma evangelização cordial 105

VIII. A fórmula do bom humor 115

IX. Exercícios de afabilidade 119
    Sorriso e cumprimento 120
    Aprender a discutir em paz 122
    Exercício para os mais valentes 125
    Comunicação escrita 125

X. Antologia de textos sobre o bom humor 129
    1) A afabilidade 129
    2) O sorriso diário 131
    3) Nascido para a amizade: retrato de Thomas More 140
    4) O dom da correção fraterna 146
    5) Afabilidade e bom humor 149
    6) A definição de cavalheiro 154
    7) Oração do bom humor 156

*Aos meus pais,
professores, entre outras coisas,
de bom humor.*

*Pelo semblante se reconhece um homem;
pelo seu aspecto se reconhece um sábio.
As vestes do corpo, o riso dos dentes
e o modo de andar de um homem
fazem-no revelar-se.*
Eclesiástico 19, 26-27

Por razões muito profundas e espirituais, o mero convívio não produz a amizade. Só a afabilidade gera a amizade. E devemos investigar muito mais a fundo a alma humana para encontrar a origem da afabilidade.
G.K. Chesterton

Tudo o que agora te preocupa cabe dentro de um sorriso, esboçado por amor de Deus.
São Josemaria Escrivá

Ser gentil é mais difícil que ser inteligente: a inteligência é um dom, a gentileza é uma escolha.
Jeff Bezos

Introdução
Um déficit de humanidade

Os problemas começam quando se passa a dar espaço à má educação. Quando já não se ouve dizer Obrigado *e* Por favor, *o fim está próximo. Eu disse a ela: «Isso é algo que atingirá todas as camadas sociais. Já ouviu essa expressão, não?». Todas as camadas sociais. No final, chegamos a esse tipo de colapso da ética mercantil que deixa as pessoas mortas no meio do deserto, dentro de um carro, e depois é tarde demais.* (Cormac McCarthy)

Certamente o cenário descrito pelo personagem principal de *Onde os velhos não têm vez* é extremo, e para muitos parecerá um exagero que nada tem a ver com a nossa realidade. No entanto, a sensação de que existe um *déficit de humanidade* na vida social, nas reuniões diárias, no trabalho, nas amizades e nas relações familiares é muito generalizada. É como se faltasse algo. «Chega de ações. Queremos palavras!», dizia certa inscrição em um muro de Roma nos anos dos protestos estudantis. Há muita pressa, que constantemente produz modos abruptos e certa despersonalização dos relacionamentos. Já não temos tempo para falar. É como se a gentileza, os bons modos, a cortesia, as boas maneiras tivessem se tornado um *opcional* que, em tempos de crise, não se pode permitir... A pressa é a primeira justificativa que encontramos, mas nenhum de nós está realmente tranquilo. Parece uma desculpa. Afinal, todos temos a impressão de estar perdendo alguma coisa. Ou melhor: a impressão de que *devemos* fazer algo.

Talvez seja também por isso que as listas de sugestões se multiplicam, tornando-se por vezes manuais e códigos de comportamento a serem seguidos, de acordo com a situação em que você se encontra ou das pessoas com quem colabora. Boas maneiras *são importantes*, diz a escritora australiana Lucinda Holdforth em um ensaio de 2007, no qual propõe um bom código que todos deveriam respeitar:

1. Mantenha-se à esquerda (ou à direita, dependendo das regras).
2. Seja fiel à sua palavra, em especial no que diz respeito a horários.
3. Aguarde sua vez.
4. Cuide dos mais fracos.
5. Respeite leis e regulamentos, a menos que você esteja organizando uma campanha de desobediência civil.
6. Preste atenção ao que está fazendo: ser multitarefas se opõe às boas maneiras.

7. Aprecie os gestos gentis dos outros.
8. Cale-se na maioria das vezes.

Este é apenas um exemplo entre muitos. E, como sempre acontece nesse tipo de lista, você percebe que as regras são heterogêneas e a ordem de prioridade é muito questionável. O fato é que uma lista não é suficiente, e não basta um código. É preciso um espírito, algo mais substancial. Por outro lado, essas listas também comprovam a existência de uma espécie de emergência social: ninguém ensina «boas maneiras», e quem gostaria de aprendê-las não sabe a quem recorrer. Aqueles, então, que gostariam de aprender como ser mais expansivos em relação aos outros se encontram em dificuldades ainda maiores.

Em geral, os adolescentes experimentam essa situação com um sofrimento particularmente pungente. É assim que se expressa o coprotagonista de dezesseis anos da história de amor narrada em *Alguém para correr comigo*, de David Grossman:

> Eu sou assim. Realmente não consigo chegar perto de ninguém. Trata-se de uma constatação. É como se estivesse faltando aquela parte da alma que se encaixa com os outros, como no Lego. Que se une realmente a outra pessoa. No final, tudo desmorona. Família, amigos. Não resta mais nada.

Nossa reflexão sobre o papel da afabilidade, da cortesia e do sorriso nas relações humanas começa a partir dessas observações. Trata-se de uma reflexão que não é dirigida apenas a especialistas em estudos comportamentais e ética, mas que procura esclarecer perguntas e necessidades comuns a muitos (a todos?). Talvez por esse motivo, muitas ideias foram retiradas da literatura, que, na maioria das vezes, consegue *mostrar* a realidade de forma muito convincente, por meio de personagens e histórias que falam por si mesmas.

O leitor também observará a referência frequente a autores cristãos, antigos e recentes. Uma das conclusões às quais se chega quando se reflete sobre o sorriso, a delicadeza e a afabilidade é que estas são características essenciais de um cristão. E, de fato, há uma vasta riqueza de reflexões e ideias sobre esses problemas feitas por inúmeros autores cristãos – em particular, católicos – de todos os tempos.

Embora estas reflexões não se destinem apenas a pessoas de fé, uma das ideias que as anima é precisamente a necessidade de um novo humanismo em nossa sociedade, e esse humanismo encontra seu modelo completo em Jesus Cristo. Entre os autores mencionados nestas páginas, destacam-se alguns que acreditamos capazes de apresentar o humanismo cristão de maneira realmente adequada aos nossos tempos: trata-se de G.K. Chesterton, Romano Guardini e São Josemaria Escrivá.

O filósofo Josef Pieper, referindo-se a uma linha do pensamento clássico, expressa essas mesmas ideias nos seguintes termos:

> Para que a vida coletiva não seja muito desumana, é essencial um pouco de *gentileza*, um pouco de afabilidade na vida cotidiana: nada exagerado, mas também nada superficial. Essa *virtude*, que São Tomás também associa à justiça, obviamente não é algo obri-

gatório em sentido estrito, nem pode ser devidamente esperada ou reivindicada. Isso, porém, não impede que sem ela seja impossível aos homens viverem *alegremente* juntos.

No fundo, tudo o que queremos é isto: viver com alegria junto às pessoas que nos rodeiam. Se a afabilidade e o bom humor têm de existir (ou mesmo são *necessários*) para que esse fim seja alcançado, isso quer dizer que se trata de aspectos que merecem ser estudados com atenção.

Capítulo I
O que é a afabilidade

A caridade sem descanso desse homem, que não estava somente em dar, destacava-se em todo o seu comportamento. De fácil relacionamento com todos, acreditava estar em dívida especialmente com aqueles de baixa condição. Tinha um rosto jovial, uma cortesia afetuosa, tão maior quanto menos eles tinham no mundo.

Com essas palavras, Alessandro Manzoni, na obra *Os noivos*, descreve a atitude habitual do cardeal Federigo Borromeo, seu *comportamento* facilmente acessível, que não leva em consideração as condições da pessoa com quem ele se relaciona. Embora voltemos mais tarde a esse aspecto, é interessante que o cardeal Federigo acredite que essa atitude fundamental é um *dever*. Em outras palavras, os outros *têm o direito* de achar em mim um rosto complacente.

Encontramos aqui alguns dos temas básicos que serão apresentados nas páginas seguintes. No entanto, antes de continuar, esclareceremos um possível mal-entendido que depende da linguagem.

Ser afável é uma coisa boa?

O que em geral queremos dizer com afabilidade? E o que queremos dizer, nestas páginas, ao empregar a palavra? O discurso é válido também para os outros termos que são usados como sinônimos e que indicam qualidades sociais como a amabilidade, a cortesia, a cordialidade, a gentileza, a delicadeza...

Muitas vezes, a ideia de afabilidade nos faz pensar em afetação, em uma espécie de fingimento benevolente e superficial, não raro motivado pelo desejo de atingir um objetivo prático. Todos lembramos com horror a figura do colega de classe bajulador (em cada lugar ele é chamado com um nome depreciativo diferente...), que dizia coisas boas ao professor para cair em suas graças. Fingia interesse em um tópico específico apenas para ser apreciado pelo mestre e tinha muitas outras atitudes insinceras e utilitárias.

«Não fique bajulando», diz a mãe quando convida um amigo da criança para almoçar. Afinal, as «bajulações» são inúteis num ambiente de acolhimento familiar. Seriam outro tipo de afetação, de fingimento como fim em si mesmo.

A qualidade da qual queremos falar não tem nada a ver com esse tipo de atitude falsa, que é, do contrário, um indicador de falta de afinidade. Como, então, se pode descrever essa qualidade?

Ser amável é mostrar uma expansividade sincera e sorridente nas relações com as pessoas que nos rodeiam. É viver uma sociabilidade que ainda não é amizade, mas *um primeiro passo necessário* para a amizade.

Do ponto de vista filosófico, Aristóteles se perguntou se era possível viver em um mundo sem amigos, ao que respondeu que nenhuma pessoa sensata gostaria de estar em um mundo assim. Na verdade, a amizade não é apenas uma espécie de descanso no caminho da existência, uma pausa que torna mais prazerosas as coisas realmente necessárias da vida. A amizade, antes, é uma necessidade. Pode-se dizer que é o propósito da vida e que sem ela a vida não é possível. «Quero que me deixem em paz»: às vezes pensamos isso por causa do cansaço, indo procurar essa paz na solidão de um quarto fechado. O problema é que, na realidade, o repouso que buscamos é encontrado *nos relacionamentos*, e não em nós mesmos. Queremos relacionamentos que restaurem a alma, isto é, relacionamentos de cordialidade e amizade. Estar em paz significa estar em paz com *os outros*. Santo Agostinho expressa de forma sintética: «O homem é social por natureza, mas antissocial por vício».

Ser capaz de relações amigáveis com aqueles que nos rodeiam não é um opcional na vida de uma pessoa. O papel essencial da amizade é expresso por Gilbert Keith Chesterton com uma imagem poética:

> A amizade e a alegria profundas não são interlúdios em nossa jornada. Frequentemente, nossas idas e

vindas é que são interlúdios entre a amizade e alegria, que se tornarão eternas em Deus. Não é a pousada que assoma à rua, mas a rua que leva à pousada. E todas as estradas levam à pousada última e definitiva [...]: e, quando bebermos novamente, será de ótimas canecas, na taberna do final dos tempos.

No centro da expansividade no relacionamento com os outros está a convicção de ter *algo em comum* com as pessoas, sejam elas estranhos encontrados por acaso, sejam conhecidos, colegas, amigos, parentes... Esse *algo em comum* é mais fundamental do que as muitas diferenças que provavelmente existem (de cultura, ideias, gostos, idade etc.). A expansividade sincera e sorridente dirigida às pessoas que nos rodeiam nos torna «acessíveis» e facilita aos outros que nos dirijam a palavra, uma vez que sugere que um gesto de aproximação receberá um acolhimento simpático. Essa é a atitude fundamental que chamamos afabilidade e que torna a sociedade mais *humana*. Poderíamos também chamá-la de outras maneiras: boa educação, sociabilidade, delicadeza...

A senhorita Prim – refinada protagonista de uma fascinante história de educação e descoberta do mundo, escrita por Natalia Sanmartin Fenollera – «era uma especialista na arte da chamada delicadeza. [Ela] acreditava firmemente que a delicadeza era a força motriz do universo. Onde esta faltava, sabia-o por experiência, o mundo se tornava escuro e sombrio»[1]. A delicadeza, a afabilidade,

---

(1) Natalia Sanmartin, *O despertar da senhorita Prim*, Quadrante, São Paulo, 2016, pág. 26.

a boa educação não são algo acessório e facultativo: são, antes, qualidades necessárias, que enchem de luz o mundo no qual vivemos.

Sorrir encontrando os outros

«A linha mais breve para unir duas pessoas é o sorriso», recorda C.S. Lewis. Todavia, sorrir hoje não é sinal de ingenuidade? Vivemos em um mundo cheio de raiva e agressividade; é sempre bom estar alerta, pronto para se defender, e frequentemente a melhor defesa é o ataque...

Um personagem formidável, criado pelo escritor sueco Henning Mankell, é conhecido como «o homem que sorri», uma vez que tem sempre um sorriso nos lábios. Esse sorriso, porém, manifesta seu sentimento de superioridade em relação a qualquer um e, consequentemente, seu desprezo, seu rancor e sua violência sem escrúpulos.

O sorriso que é fruto da afabilidade parte de uma ideia diametralmente oposta. A fonte do sorriso aberto e sincero com o qual acolhemos o próximo é o *sentir-se parecido* com outra pessoa. A forma concreta de exprimir esse sentimento de afinidade será diferente de acordo com cada interlocutor: um colega de trabalho (superior, do mesmo nível ou inferior), um parente, um cliente, uma pessoa que encontramos sentada ao nosso lado em uma viagem de trem, e assim sucessivamente.

De qualquer forma, o ponto de partida é reconhecer no outro uma pessoa parecida comigo, a quem pretendo me dirigir de maneira pessoal. Esse *reconhecimento* da personalidade do outro faz nascer em mim um sentimento de cordialidade que, por sua vez, produz um sorriso que espera ser correspondido, isto é, que espera que a outra pessoa reconheça em mim algo de familiar.

Trata-se de um movimento interno que é experimentado quando você encontra por acaso e inesperadamente um amigo – por exemplo, durante uma escala no aeroporto, quando está longe de sua própria cidade. O encontro produz uma alegria notável e expansiva. Acho um pouco da *minha casa* quando menos espero. Uma alegria semelhante *poderia* acompanhar todas as reuniões entre mim e outrem só porque somos duas pessoas e nos reconhecemos como tais.

Para que isso aconteça, a afabilidade é necessária, ou seja, uma atitude cordial para com os outros, de cada pessoa, pelo simples fato de serem pessoas. O adjetivo *cordial* é particularmente significativo porque acrescenta um matiz de envolvimento do *coração*, isto é, do que há de mais íntimo na esfera de uma pessoa. «Diga-me: o que significa cordialidade? É como dizer que uma amizade tem seu próprio fundamento no coração», ensina São Francisco de Sales.

A protagonista do romance *A elegância do ouriço*, escrito pela francesa Muriel Barbery, descreve assim a qualidade de seu amigo japonês:

> O que há de belo em Kakuro é que faz tudo com gentileza. É muito agradável ouvi-lo falar, ainda que não estejamos nem aí para o que conta, porque ele realmente fala com a gente, ele se dirige a você. É a

primeira vez que conheço alguém que se preocupa comigo quando fala. Não fica esperando aprovação ou discórdia, mas olha para mim com um ar que significa: «Quem é você? Quer falar comigo? Como é bom estar com você!». É isso o que eu queria dizer com a palavra gentileza, essa maneira de agir que dá ao outro a sensação de estar ali.

Eis uma definição convincente de gentileza: dar ao próximo a sensação de estar ali, uma vez que o percebe e o aprecia como pessoa. Ele é tratado como merece.

Capítulo II
Tratar cada um do jeito que merece

Basil Grant é um personagem criado por G.K. Chesterton. Trata-se de um juiz forçado a deixar o cargo porque foi acusado de perder o juízo. Ele de fato condena as pessoas por «crimes dos quais nunca se ouviu falar em um tribunal, como egoísmo ilimitado, falta de senso de humor e uma deliberada condescendência com a morbidez».

Eis as palavras com as quais o personagem justifica sua excêntrica maneira de administrar a justiça: «Descobri que, como juiz, não pude ter qualquer utilidade. Então optei por oferecer meus serviços de forma pessoal, como um juiz puramente moral, animado a resolver litígios puramente morais». O juiz cria uma espécie de tribunal que defende e protege a justiça entendida em um sentido mais amplo, e:

> Depois de pouco tempo esse tribunal não oficial (conservado estritamente em segredo) tornou-se co-

nhecido em todas as classes sociais. As pessoas vinham a mim para ser julgadas não por bagatelas práticas (que, na realidade, não interessam a ninguém), como cometer homicídio ou estar em posse de uma arma sem licença. Meus criminosos eram julgados por aquelas ilicitudes que tornavam a vida social realmente impossível. Eu os processei por egoísmo, por orgulho insustentável, por maledicência, por mesquinhez nas relações com os amigos e subordinados. Evidentemente, esse tribunal não tinha nenhum instrumento de coerção. A aplicação da penalidade dependia totalmente da honra das senhoras e senhores envolvidos no caso, incluindo o culpado. Mas, se soubesses com quanta precisão nossas ordens foram sempre executadas, ficarias maravilhado.

Há ilicitudes que tornam *realmente impossível* a vida social, e não se trata das *trivialidades práticas* com as quais os tribunais normalmente lidam. O paradoxo de Chesterton, que estende o campo da justiça para muito além dos limites que em geral lhe atribuímos, de fato tem raízes antigas. Cícero já explicara: «Se da sociedade retirarem a caridade, a liberalidade e a bondade, completamente ausente ficará a justiça».

Tentemos expressar de maneira sintética: cada um tem o direito de ser tratado com o mínimo de afabilidade e cordialidade, ainda que não possa reclamar esse direito diante de qualquer tribunal. Somos obrigados a tratar toda e qualquer pessoa com afabilidade simplesmente porque ela é uma pessoa.

A afirmação parece exagerada. Esse discurso, à primeira vista, não tem nada a ver com justiça. Sorrir, acolher e mostrar abertura não parecem atitudes codificáveis ou exigíveis. É possível torná-las obrigatórias por lei?

Uma questão de justiça?

Os clássicos recordam que justiça consiste em *dar a cada um o que é seu*. O *seu* é aquilo a que todos têm direito enquanto pessoas. Têm o direito de viver, expressar-se, realizar-se livremente... Têm o direito, por exemplo, de receber a mercadoria pela qual pagaram o preço estabelecido, bem como a tantas outras coisas que a lei pode exigir de qualquer um, para o bem dos outros ou para o bom funcionamento da sociedade.

Há um *seu* que posso ser forçado a dar a outra pessoa porque alguém o exige de fora, de acordo com determinada lei escrita. Se eu for a uma loja para comprar um tênis de caminhada, exijo do atendente que me mostre ao menos um par, que me diga o quanto custa e algumas outras coisas; ele, por sua vez, exige de mim que, se me decidir a comprá-los, pague o valor correto. Tudo de acordo com a justiça. Na verdade, se eu sair da loja sem ter pago os tênis, a justiça pode me perseguir, e me torno um *fora da lei*.

No entanto, posso exigir da pessoa que vende os tênis que me trate com cortesia? E ela pode reivindicar de mim um cumprimento cordial quando entro na loja? E um sorriso de gratidão? Não: nenhuma autoridade pode, de forma legal e codificável, *exigir* isso dele ou de mim. O mesmo discurso aplica-se a um encontro casual – por exemplo, durante uma viagem de avião. Peço à comissária que me ajude a encontrar um lugar para a bagagem, mas não posso pedir-lhe que me encoraje e me trate com compreensão caso ela perceba que estou um pouco desmotivado por razões pessoais.

Diz novamente Cícero:

> A justiça é aquela disposição da alma a dar a cada um o que é seu e tutela com generosidade a convivência social dos homens; a ela estão ligadas a piedade, a bondade, a liberalidade, a benignidade, a afabilidade e todas as outras virtudes do mesmo tipo. E estas são próprias da justiça a tal ponto que se tornam comuns às outras virtudes.

O ponto, portanto, é que existem atitudes que são devidas aos outros por respeito à sua *personalidade* (o seu «ser pessoa»), embora nenhuma autoridade possa exigir isso com instrumentos legais de coerção.

Talvez sejam duas as mais fundamentais dessas atitudes: uma *autenticidade substancial*, ou seja, uma correspondência entre o que se é e o que se manifesta ao exterior; e certa *abertura para a simpatia* nas relações com outras pessoas.

A primeira dessas qualidades é chamada pelos clássicos de «veracidade» (e exigiria um discurso à parte); a segunda é justamente a afabilidade. Aristóteles a denomina simplesmente *philia* (mesma palavra usada para indicar a amizade); Cícero, *comitas* (amabilidade – amizade, virtude do companheiro); Tomás de Aquino, *affabilitas* (afabilidade); ao longo da Idade Moderna e até hoje, ela tem sido chamada de «cortesia» ou «cordialidade».

Nestas páginas, chamamo-la sobretudo de «afabilidade» porque se trata de um termo que sugere a ideia da disponibilidade para receber a palavra alheia e, ao mesmo tempo, falar gentilmente com os outros. Sem essa qualidade, a convivência social não seria possível. Não é por acaso que, em latim, o termo *conversatio* significa acima de tudo «viver juntos», mas também «falar», quase como se recordasse que é impossível viver com outras pessoas sem entabular um diálogo composto de palavras e gestos compreensíveis e interpretáveis, uma vez que pertencem a uma linguagem comum usada por pessoas que desejam se comunicar umas com as outras.

O mundo em que nos movemos é caracterizado por um legalismo notável: cada indivíduo ou grupo tende a reivindicar seus direitos e aplicá-los, muitas vezes recorrendo a métodos legais. Para isso, tentamos desenvolver um grande número de códigos de conduta, os quais listam exaustivamente o que um profissional (um médico, um professor, o empregado de uma empresa) é obrigado a fazer. É por isso que exigem nossa assinatura quando estamos prestes a aceitar longas listas de direitos e deveres, que vêm detalhadamente elencados e distintos. Dessa forma, qualquer infração pode ser punida.

Certo professor disse ser emblemática de nosso tempo a resposta que muitas vezes recebe de pré-adolescentes e adolescentes a quem se comunica uma punição (por exemplo, uma tarefa a ser feita em casa para recuperar uma nota ruim): *Mas onde está escrito que você pode fazer isso?* É esse – disse-me, abatido – o ar que eles respiram em casa. Falamos pouco ou nada a respeito de deveres e responsabilidades e somos muito categóricos ao elencar e afirmar nossos direitos individuais.

Talvez seja necessário *ampliar* nosso conceito de justiça, e não limitá-lo àqueles comportamentos codificados e exigidos legalmente... Cada pessoa merece um pouco mais do que é estritamente exigido por lei.

Nas palavras de um mestre espiritual, São Josemaria Escrivá, cada um merece um pouco de amor, em «um generoso exorbitar-se da justiça» que:

> Exige primeiro o cumprimento do dever. Começa-se pelo que é justo, continua-se pelo que é mais equitativo... Mas, para amar, requer-se muita finura, muita delicadeza, muito respeito, muita afabilidade[2].

Na linguagem da Bíblia, de fato, o «certo» não é quem faz apenas o que é legalmente esperado. A justiça bíblica é um conceito que condensa tudo o que o crente é exortado a fazer. E uma atitude calculada para com os outros, característica daqueles que se limitam a dar ao próximo apenas o que lhe é devido em sentido estritamente jurídico, torna muito difícil que haja uma abertura filial também no relacionamento com Deus. Bento XVI o resume desta maneira:

> Se na minha vida negligencio completamente a atenção ao outro, importando-me apenas com ser «piedoso» e cumprir os meus «deveres religiosos», então definha também a relação com Deus. Neste caso, trata-se duma relação «correta», mas sem amor. Só a minha disponibilidade para ir ao encontro do próxi-

---

(2) Josemaria Escrivá, *Amigos de Deus*, 4ª ed., Quadrante, São Paulo, 2018, n. 173.

mo e demonstrar-lhe amor é que me torna sensível também diante de Deus[3].

Repetindo as palavras de São Josemaria:

> Convencei-vos de que só com a justiça não resolvereis nunca os grandes problemas da humanidade. Quando se faz justiça a seco, não vos admireis de que a gente se sinta magoada: pede muito mais a dignidade do homem, que é filho de Deus. A caridade tem que ir dentro e ao lado, porque tudo dulcifica, tudo deifica: *Deus é amor*[4].

Portanto, não se trata apenas de uma questão que diz respeito à convivência humana civil. Um mínimo de afabilidade com os outros pode até se tornar condição necessária para abrir-se ao diálogo com Deus. Voltaremos a essas ideias quando tentarmos oferecer uma leitura teológica do sorriso na vida cotidiana. Agora, dirijamo-nos à linha principal do discurso, questionando como cada pessoa merece ser tratada.

O que as pessoas merecem

a) Tratar cada um de modo «pessoal»

Os gestos e as palavras que dizemos não são meras formalidades isentas de significado. Antes, sempre expri-

---

(3) Bento XVI, Encíclica *Deus caritas est*, n. 18.
(4) Josemaria Escrivá, *Amigos de Deus*, n. 172.

mem algo da intimidade de quem os efetua, e assim necessariamente a comunicam ao destinatário.

A atitude interior de expansividade nos relacionamentos não pode permanecer escondida na intimidade do pensamento, mas deve se manifestar no exterior. É comum que, ao entrar em contato com alguém e não ser tratado de forma *pessoal*, certo desconforto nasce em você e no outro.

Um exemplo universal: o encontro com um vizinho no elevador. Trata-se de uma pessoa que vemos muitas vezes, mas com quem nunca buscamos manter um diálogo pessoal. Na verdade, nunca lhe dirigimos a palavra com *afabilidade*, ou seja, correndo o risco de iniciar uma conversa que vá além de uma ligeira saudação. O elevador parece subir muito devagar, os dois passageiros estão em silêncio, olhando para o monte de chaves que têm na mão, controlam nervosamente o telefone ou observam detalhes sem interesse, como os botões do elevador. Com grande esforço, às vezes é possível fazer um comentário sobre o tempo. Finalmente, um dos dois chega em seu respectivo andar e sai, acabando com o sofrimento de ambos. O fato é que é *desumano* ficar tão perto de outra pessoa e tratá-la sem *demonstrar* o menor interesse de se aproximar dela.

Outro exemplo: tente caminhar em uma calçada exatamente ao lado de outro transeunte, mesmo no meio de outras pessoas, mantendo seu próprio ritmo. O instinto levará um ou outro a acelerar, na tentativa de interromper esse caminhar juntos, lado a lado, que é *sinal* de amizade ou, pelo menos, de certa proximidade, mas que nesse caso não corresponde à realidade – a menos que um dos dois dirija a palavra ao outro: um pedido de indicação de caminho é suficiente, o que talvez pudesse levar a pessoa interrogada a *acompanhar* a outra pelo menos por um trecho do caminho. Nesse ponto, há uma realidade que corresponde ao gesto, e então a situação deixa de ser embaraçosa.

É claro: é possível se acostumar a não ficar *pessoalmente* interessado naqueles que nos rodeiam e aprender a suportar certa dose de indiferença nossa e dos outros. Isso acontece em muitos ambientes de trabalho e em muitas famílias. No entanto, é evidente que, ao fazê-lo, você perde algo. Nós perdemos a humanidade; os relacionamentos humanos ficam menos verdadeiros (menos *pessoais*) e deixam em nós uma espécie de insatisfação íntima. O poeta latino Ênio afirma:

> O homem que mostra com cortesia o caminho a um viajante perdido faz como se de seu lume acendesse um outro lume. Sua tocha não brilha menos depois que acendeu a do outro.

Um gesto particularmente denso e significativo é o cumprimento. Perguntar-nos como costumamos cumprimentar as pessoas é um exercício muito útil.

– Bom dia! – disse Bilbo, sinceramente. O sol brilhava, e a grama estava muito verde. Mas Gandalf lançou-lhe um olhar por baixo de suas longas e espessas sobrancelhas, que se projetavam da sombra da aba do chapéu.

– *O que você quer dizer com isso?* – perguntou ele. – *Está me desejando um bom dia, ou quer dizer que o dia está bom, não importa que eu queira ou não, ou quer dizer que você se sente bem neste dia, ou que este é um dia para estar bem?*[5]

Felizmente, não é necessário se expressar sempre com a consciência e a linguagem precisa requerida por Gandalf ao amável *hobbit* criado por John Ronald Reuel Tolkien. Por outro lado, existem características, línguas e culturas diferentes, além do fato de cada pessoa ter a própria maneira de se expressar. A questão é: meu modo de cumprimentar é *pessoal*? Eis alguns sinais: chamar pelo nome, olhar nos olhos, ouvir a resposta, mesmo que seja dita apenas de maneira formal, apertar as mãos com sinceridade... Como se verá, tudo isso é mais do que uma simples questão de «etiqueta». Diz Romano Guardini:

> Um cumprimento amável já é um acolhimento, mesmo que breve. É uma visita rápida, mas conforta. É também uma conversa: a porta pela qual se deixa o convidado entrar é escutá-lo e compreendê-lo.

Existem pelo menos duas falhas possíveis, cada qual em um extremo, e que podem afetar as relações interpessoais.

A primeira é a *indiferença*. Trata-se de não cumprimentar os outros, talvez por timidez ou por medo de se fazer conhecido. Essa atitude torna muito difícil o nascimento da amizade. Para dizer com palavras do poeta Davide Rondoni:

---

(5) J.R.R. Tolkien, *O Hobbit*, WMF Martins Fontes, São Paulo, 2014, pág. 4.

Vemos espalhar-se por toda parte, na esfera política, na televisão e, em primeiro lugar, nos relacionamentos pessoais, no local de trabalho, uma espécie de severidade, de rispidez. Uma falta de cortesia. Dizer «bom dia» a alguém na rua ou quando nos encontramos com alguém nas escadas terá quase o efeito de um escândalo, de uma perturbação.

Certo amigo me relatou uma experiência que provavelmente é comum a muitas pessoas que moram em uma grande cidade. Todas as manhãs ele faz o mesmo percurso, normalmente no mesmo horário. Depois de algum tempo, percebeu que as pessoas que encontra são quase sempre as mesmas – algumas dezenas delas, que entram ou saem na mesma parada do metrô, que se cruzam sempre na frente da mesma loja, e assim por diante. Certo dia, então, passou a observar um desses transeuntes e a notar se, por acaso, estaria caminhando alguns metros mais adiante do que o habitual. Ambos nunca se olhavam, embora se vissem todos os dias (era inverno, estavam sempre com os mesmos sobretudos). Certa manhã, um dos dois derruba o guarda-chuva enquanto está entrando no trem e o outro o pega com um gesto automático, que é seguido por um agradecimento e um fugaz «Bom dia». No dia seguinte, acontece que os dois *se cumprimentam*. Não que comecem a se elogiar: trata-se apenas de um breve gesto com um sorriso, um bom-dia. A partir dessa ocasião, começam a se *reconhecer* quase sempre (às vezes há um resquício de esquiva ou timidez). Chega o último dia de trabalho antes do verão: ambos param, conversam por alguns minutos, desejam bom descanso e até mesmo falam sobre alguns acontecimentos familiares ligados às férias por vir. Partem, então, dizendo que da próxima vez tomarão um café juntos. É claro: ainda não nasceu aí uma amizade, mas certamente os dois não são mais estranhos.

Alguém dirá que você não pode fazer isso com cada pessoa que encontra na rua, no trem ou no cinema, o que é certamente verdade. Mas a questão é: não poderia ao menos acontecer com mais frequência?

Uma segunda falha possível consiste em não respeitar a *intimidade*. Hoje, isso acontece muito facilmente por leviandade, seja quando você torna público algo privado (próprio ou de outros) sem pensar nisso, seja quando penetra com muita rapidez e muita profundidade em um diálogo com alguém.

Às vezes, o problema vem de certas falhas na linguagem não verbal, o que dificulta que o interlocutor fique à vontade e torna-se, assim, obstáculo à possibilidade de travar um relacionamento pessoal: por exemplo, quando se olha com curiosidade as folhas que estão na mesa de um colega com quem estamos falando, ou quando se está fisicamente muito perto do interlocutor – talvez sentado ao seu lado em um sofá – e ele precisa ficar em uma posição incômoda para se dirigir a nós. O problema pode estar, ainda, além dos gestos inconscientes – por exemplo, no ato de fuçar em arquivos, gavetas ou pertences pessoais de um colega que está ausente, ou de abrir o armário de um colega de quarto na faculdade.

Esses são apenas alguns exemplos que mostram a importância da ideia mesma de intimidade. Permitem, no entanto, uma breve digressão sobre a intimidade no âmbito das redes sociais.

Descubro que Ângelo está com raiva e se sente ridicularizado por Michele (ele mesmo escreveu publicamente a Sônia, da qual também sou amigo). No entanto, a realidade é que Ângelo apareceu em uma foto ao lado de Maura, e desse modo Michele também tem boas razões para se irritar com ele. Assisto a tudo isso sem querer, só porque acontece nos perfis de meus amigos, e poderei seguir os desdobramentos futuros, que certamente virão. *Mas qual é o problema? O simples fato de você descrever esses episódios mostra que você não é um nativo digital*. Para um «nativo digital», bem o sei, essa comunicação é natural. Se Ângelo e todos os outros querem fazer essas coisas, isto é, publicar suas fotos, frases e pensamentos, isso não deve ser um problema para mim (e, depois, quem vai analisar com atenção todos esses comentários? Somente um bicho-preguiça digital, que não entendeu ainda como o século XXI funciona! Seria como fazer a edição crítica das conversas escutadas em uma viagem de metrô…).

O que estou dizendo, porém, não é que haja necessariamente algo ruim nisso de um ponto de vista «moral». O que quero dizer é que parece estranho (e preocupante) que muitas dessas coisas aconteçam sem que os interessados as percebam. É como se já não estivesse claro onde minha intimidade termina e onde a de outra pessoa começa, onde termina a esfera de minha reflexão pessoal e íntima e onde começa o da expressão pública. Muitas vezes, ademais, não se faz distinção entre a expressão dirigida a um amigo daquela dirigida a um pequeno círculo de pessoas e daquela dirigida ao público considerado de forma geral e indiferenciada. É verdade: ninguém estuda cientificamente todos os comentários, postagens e tuítes de um amigo, mas talvez este seja justamente o ponto delicado: partimos do pressuposto de que é possível comunicar, ouvir e dialogar de forma espontânea e irrefletida, enquanto o diálogo continua escrito e começa a ter vida própria, tornando-se impossível controlá-lo e eventualmente explicá-lo...

Voltando quase dois séculos, lembro-me de uma famosa digressão sobre amizade, definida por Alessandro Manzoni como «uma das maiores consolações desta vida». Mais do que nos relacionamentos criados nas diversas redes sociais, a reflexão encontra uma aplicação extraordinariamente atual no mundo das fofocas. Elas têm muito espaço na mídia e em nossas conversas, dizem respeito à intimidade de muitas pessoas e, querendo ou não os interessados, ficam disponíveis a um público amplo.

É verdade, continua Manzoni, que «uma das consolações da amizade é a de ter a quem confiar um segredo». Vale a pena reler todo o trecho do autor:

> Ora, os amigos não são um par, como os esposos; cada pessoa geralmente tem mais de um, o que forma uma corrente da qual ninguém poderia encontrar o fim. Quando, portanto, um amigo obtém o consolo de confiar um segredo no seio de outro, tem o desejo de obter o mesmo consolo também. Ele implora, é verdade, que não diga nada a ninguém; e tal condição, a quem a tomasse no sentido estrito das palavras, quebraria imediatamente o curso das consolações. Mas a prática geral quis obrigar que se confie o segredo apenas a quem seja um amigo igualmente confiável, e

impondo-lhe a mesma condição. Assim, de um amigo confiável a outro amigo confiável, o segredo gira e gira por essa imensa cadeia, de modo que chega ao ouvido daquele ou daqueles a quem o primeiro que falou disse precisamente para não deixar chegar nunca. Seria um grande avanço se todos tivessem apenas dois amigos: aquele que diz e aquele para o qual a coisa a ser silenciada se repete. No entanto, há homens privilegiados que os contam para centenas; e quando o segredo chega a um desses homens, as voltas se tornam tão rápidas e se multiplicam de tal modo que já não é mais possível seguir seus passos.

O desejo de conhecer, ou melhor, de falar sobre a intimidade alheia possui uma força de atração que parece quase irresistível... É *natural*, dizem as pessoas. Isso é verdadeiro no sentido de que se trata de algo comum a todos – a alguns mais e a outros, menos. No entanto, ainda é *mais natural* o respeito devido à pessoa que confia a mim um «segredo». Ao fazê-lo, ela me confia uma parte muito íntima de sua personalidade, sua história e experiência. O desejo de compartilhar pouco a pouco pode trair a confiança da qual você foi objeto. A verdade é que a intimidade de uma pessoa, de *toda* pessoa, deve ser tratada com cuidado, com gentileza. Isso exige que não se fale sobre os outros de maneira superficial, precipitada e genérica. Toda pessoa merece essa delicadeza.

Talvez seja útil retornar ao tema das redes sociais para outra observação. Seria simplista e muito confortável atribuir aos meios de comunicação a responsabilidade por nossos erros comunicativos. A culpa não é da internet. Nenhuma pessoa sensata pode achar, com nostalgia, que «era melhor quando era pior», isto é, quando para se comunicar a presença física se fazia necessária. O desafio é sempre tornar *pessoal* a comunicação que chega por intermédio dos diversos meios que temos à disposição em cada época (assim como fizeram, em outros tempos, aqueles que se depararam com os primeiros telegramas, com os telefonemas ou com os primeiros faxes).

Um amigo meu recebia periodicamente mensagens de um grupo do qual só fazia parte porque era homônimo de um dos legítimos destinatários, que tinha um endereço quase igual. Ninguém gosta de receber mensagens inúteis, e sabemos o quanto é irritante continuar a recebê-las mesmo após ter apontado o erro. Depois de ter visto que não havia maneira de sair da lista por meio de solicitações formais que não levavam a nada, a vítima, em vez de perder a paciência, teve uma ideia genial: escreveu ao homônimo explicando o problema. No entanto, é difícil escrever a alguém que tem o mesmo nome que o nosso sem experimentar ao menos um mínimo de curiosidade: quem é, quantos anos tem, o que faz... Em vez de uma mensagem seca e autoritária («Por favor, isso tem de parar!»), meu amigo escreveu algo com um tom um pouco mais pessoal, apresentando-se simpaticamente em poucas linhas. A resposta foi muito cordial, longa e ainda mais pessoal. Nasceu ali uma amizade (mesmo assim, meu amigo continua a receber mensagens erradas de vez em quando, muito embora tenha passado a não se aborrecer mais). Em resumo, existe uma gramática da afabilidade nas redes sociais. Talvez nós é que ainda sejamos um pouco analfabetos.

b) Dizer a verdade na cara, com respeito

Ser amável não é procurar estar de acordo com todos sobre qualquer assunto. Ninguém aprecia um colega de trabalho que é um *yes man*, isto é, que sempre diz sim para nunca desagradar. Certa vez, um amigo me confidenciou, de maneira séria e ao mesmo tempo divertida, no que consistia sua justificativa toda vez que falhava em um compromisso ou faltava a um encontro: «É melhor *enganar* um amigo do que fazê-lo sofrer dizendo "não" na cara dele». Um educador que não saiba corrigir e impor limites faz surgir na criança uma grande insegurança e desorientação. No campo da patologia psiquiátrica, recomenda-se cumprir os desejos de quem está privado de razão para evitar que se torne perigoso, justamente porque não se trata de uma pessoa em condições de saúde e de equilíbrio normais. «A afabilidade do discurso», diz Santo Ambrósio:

> Vale muito para conquistar simpatia. Entretanto, queremos que ela seja sincera e bem dosada, sem qualquer adulação que ofenda a simplicidade e a franqueza da fala, uma vez que, por lealdade, devemos ser modelo aos outros não só em nossas ações, mas também em nossos discursos.

Tratar bem não é sempre concordar com o outro, quanto mais elogiá-lo quando não merecer. «Repreende teu amigo em segredo e elogia-o em público», recomenda Leonardo da Vinci, oferecendo, desse modo, um conselho prático claro e facilmente aplicável: falar bem do amigo diante dos outros e corrigi-lo em privado, só você e ele. Quantas vezes, em vez disso, por pressa ou intemperança, repreendemos alguém em público e em voz alta, com palavras fortes que acabam por produzir uma espécie de humilhação pública? Elas são humilhantes justamente porque a pessoa que as sofre se sente desprezada *como pessoa*, ou seja, de modo global, e não só criticada por um comportamento específico.

No ambiente de trabalho, em particular, é preciso dizer não com frequência. O ponto é que *discordar* de uma opinião não significa *manifestar desprezo* pela pessoa que a expressou. «Por que motivo, entre dez maneiras de dizer "não", hás de escolher sempre a mais antipática? – A virtude não deseja ferir»[6]. *Discordar de maneira afável* não é uma contradição. Trata-se, antes, de expressar uma opinião talvez oposta à de outra pessoa, mas sem deixar o coração de lado, ou seja, conservando e mostrando um respeito profundo pelo outro, que então se sente apreciado como pessoa mesmo se criticado por um comportamento específico ou se contrariado em uma ideia.

A manifestação mais importante desse respeito é a correção. Quando corrijo alguém, estou lhe dizendo que o considero capaz de melhorar. Não é fácil encontrar uma prova de estima mais clara e explícita. Eu lhe digo diretamente que seu comportamento ou determinada frase proferida não são apropriados para a situação em que você se encontra, para sua posição – em última análise, para você mesmo. E, uma vez que o aprecio como pessoa, não quero deixar isso passar em branco. Prefiro lhe dizer francamente o que acho, no intuito de

---

(6) Josemaria Escrivá, *Sulco*, 4ª ed., Quadrante, São Paulo, 2016, n. 808.

ajudá-lo a dar o melhor de si, a ser você mesmo da melhor maneira.

Giovanni della Casa, autor do famoso *Galateo*, narra um exemplo de conselho cordial oferecido a certo convidado. Trata-se do conde Ricciardo, que está passando alguns dias na casa do bispo de Verona, Giovanni Matteo Giberti. O senhorio nota em seu hóspede, de resto cortês e bem-educado, um defeito na mastigação, que produz «um ruído muito desagradável de ouvir». Se comunicado de modo errado, algo assim seria motivo suficiente para um duelo, ou pelo menos para uma ruptura da relação entre os dois senhores. Em vez disso, Giberti pede a um de seus serviçais (chamado Galateo) que *explique bem* o conselho ao amigo e hóspede, e de fato ambos se demoram em discutir calmamente como oferecê-lo. Galateo acompanha o conde Ricciardo a cavalo por um trecho da estrada, entretém-no com uma conversa gentil e depois agradece afavelmente, da parte de seu patrão, a honra que ele fizera ao entrar «em sua pequena casa». O patrão, continua Galateo, como sinal de gratidão por tanta cortesia, «forçou-me a oferecer-vos um presente de sua parte, e pede ao senhor que o receba com a alma feliz». Somente depois dessa premissa vem o conselho. Embora embaraçoso, o tema é acompanhado da recomendação de considerá-lo um presente, motivado também pelo fato de que nenhuma outra pessoa no mundo tivera a coragem de mostrar a falha ao interessado. No começo, este cora um pouco, mas depois «retoma o coração», agradece ao portador e ao autor do presente e garante que avaliará o conselho.

Coisas de outra época? Nós certamente não montamos a cavalo, e agora quase não há risco de duelos com arma branca, exceto talvez nas mídias sociais ou nos palcos da TV. No entanto, receber conselhos sobre um comportamento incorreto do qual nunca nos demos conta continua a ser um presente inestimável.

Uma qualidade decisiva para que o conselho seja percebido como algo positivo por quem o recebe poderia ser resumido pela palavra «franqueza»: dizer as coisas na cara (o que não significa *reprovar*), de modo claro, mas não bruscamente, evitando ser tomado pela raiva ou por um sentimento de vingança. Diz São João Crisóstomo:

> Se ficares com raiva, não será por fruto da franqueza, mas da paixão, e serás julgado por isso. Sem mansidão, não há verdadeira franqueza ao falar. [...] A coragem no falar é boa, mas falar com raiva é equivocado. Portanto, devemos nos libertar de qualquer animosidade se quisermos nos expressar com franqueza. Pois, mesmo que digas o que é certo, tudo estará perdido se for fruto da raiva, ainda que se trate de sua franqueza, de seu sábio conselho, do que for[7].

Para que haja respeito, o conselho deve se limitar a um aspecto específico, um aspecto que é considerado antes um incidente do que uma característica que define o corrigido: caso contrário, em vez de corrigi-lo, termina-se por expressar um juízo – e, quando uma pessoa se sente julgada globalmente a partir de um fato específico, a coisa é percebida como uma injustiça (o que geralmente está

---

(7) São João Crisóstomo, Homilia XVII, sobre *Atos dos Apóstolos* 7, 35.

correto). «Quando é preciso corrigir», ensina São Josemaria, «deve-se atuar com clareza e amabilidade; sem excluir um sorriso nos lábios, se for oportuno. Nunca – ou muito raras vezes – aos berros»[8].

«Arrume o quarto, seu bagunceiro!». A maioria das mães diz isso aos filhos. Caso o repita todos os dias, provavelmente só terá como resultado que a criança «desligue o ouvido» quando a palavra lhe for dirigida. É mais eficaz ir ao encontro da criança em um momento calmo, dizendo-lhe cara a cara: «Ontem você deixou a sala uma bagunça. Demorei meia hora para arrumar suas coisas... Você me ajudaria muito se hoje a deixasse um pouco melhor. Na minha opinião você é capaz, e eu ficaria agradecida».

Mesmo com imensa boa vontade, no entanto, não é possível evitar todas as diferenças de opinião capazes de originar discussões. É por isso que é tão importante aprender a arte do debate: discordar, dialogar, contradizer, rebater com estima e cordialidade...

«Cada um está livre para me contradizer», escreve Joseph Ratzinger na introdução de um de seus livros. «Peço apenas aos leitores um adiantamento de simpatia, sem o qual não há nenhuma compreensão». Para conviver com os outros, e também para discutir de forma construtiva e serena, esse *adiantamento de simpatia* se faz necessário. Discutir é outra coisa. Como Chesterton diz: «Sou contra as brigas porque sempre interrompem uma discussão».

Todavia, às vezes somos confrontados com alguém que *só quer discutir* e que não perde a chance de começar uma briga e fazer provocações (embora seja preciso dizer

---

(8) Josemaria Escrivá, *Sulco*, n. 823.

que, para discutir, é necessário que haja pelo menos duas pessoas: se estou firmemente decidido a evitá-la, uma discussão dificilmente começará). Em circunstâncias assim, diante de uma provocação agressiva dirigida a mim ou a qualquer outra pessoa, não posso ficar em silêncio.

Basta pensar em uma reunião de condomínio, uma reunião de trabalho, um encontro entre amigos que desejam organizar juntos uma viagem de férias. Uma atitude afável pode ajudar a amortecer o tom diante da agressividade óbvia de algum dos presentes. O primeiro passo é tentar realmente ouvir, o que não é nada óbvio. E o primeiro erro geralmente está em interromper o outro, mostrando que já entendeu aonde ele quer chegar, terminando por vezes a frase que ele começou, levantando a voz e sobrepondo-a à dele. Um bom antídoto está em demonstrar um interesse sincero pelo que foi ouvido, o desejo de entendê-lo. Se o tom for provocativo, exagerado, quiçá até violento, você sempre pode tentar repetir o que acaba de ser dito *com outras palavras* («Vamos ver se entendi o que você quis dizer. Deixe-me repetir...»). Isso quase sempre leva a pessoa a refazer seus passos e oferecer imediatamente uma versão menos radical e exaustiva do que dissera.

Em algumas ocasiões, no entanto, parece que a única coisa a fazer é atacar o outro, como se se tratasse de uma guerra justa (ainda que, por vezes, o ataque seja preventivo). «Agora já é demais!», você pensa. «Se eu não levantar a voz, eles não me ouvirão». Muitos professores, por sua vez, dizem que geralmente é muito mais eficaz se irritar em voz baixa diante de uma classe do que de fazê-lo de forma teatral e barulhenta. Quando você está gritando, fica muito mais difícil controlar o que diz, e assim é comum dizer coisas que depois se revelam exageradas (na escola, os estudantes implacáveis também costumam registrar fielmente cada palavra dita de maneira exagerada por um professor, o que se torna uma fonte inesgotável e muito eficaz de provocação. Lembro-me de que, no ensino médio, chegamos a coletar dezenas de *frases ridículas* pronunciadas por certo professor quando ficava com raiva...).

Às vezes, uma saída pode ser dizer: «Não acho que seja proveitoso falar dessa maneira a respeito disso», acrescentando talvez: «É melhor pararmos por aqui e retomarmos em outro momento» (coisa muito oportuna quando se trata, por exemplo, de uma reunião de trabalho sobre algo importante, em que uma briga com palavras pesadas não faria mais do que adiar a solução). O importante, quando se discute um argumento proposto por alguém, é não se esquivar da controvérsia acerca dos temas em questão, mas sem agredir a pessoa que argumenta.

Ao mesmo tempo, também há o risco parecer fraco diante de um valentão que defende suas razões pela força. Talvez isso possa acontecer no calor do momento, mas em longo prazo a atitude que evita a briga tende a ser mais eficaz. Na verdade, quem começa a ganhar a fama de ser alguém que frequentemente discute percebe bem rápido que os outros (amigos, colegas de trabalho, parentes) tendem a evitá-lo. Desse modo, corre-se o risco de começar um círculo vicioso, no qual a pessoa perde, por um lado, cada vez mais oportunidades de se relacionar e, por outro, tende a se tornar cada vez menos sociável.

A capacidade do diálogo e o desejo de evitar brigas

não são fraqueza. Pelo contrário, pode-se dizer, com Davide Rondoni, que:

> A delicadeza é a virtude dos fortes. De quem tem tal consciência do alto e do baixo, do excelso e do profundo, que sabe ser oportuno, em certos assuntos, agir com cordialidade. O que não é o mesmo que confusamente ou sem ideias claras. Quem é capaz da delicadeza não o é por ser maníaco por etiqueta ou boa educação, mas porque tem juízo, porque vê de que o homem é feito.

c) *Falar bem dos outros*

Em muitos locais de trabalho se difundiu uma espécie de *câncer das relações sociais*, um câncer que se manifesta no hábito de falar mal pelas costas. Tempos atrás isso era denominado calúnia, mas agora tornou-se tão habitual que geralmente nem a entendemos assim. É comum fazermos ou ouvirmos apreciações críticas sobre um ausente, mas sem que nenhum dos presentes as veja como injustiça e sem que alguém tenha a coragem de ficar cara a cara com o interessado para, respeitosamente, lhe dizer o que pensa.

A importância crucial desse aspecto se torna ainda mais clara se enxergarmos a situação de modo positivo, invalidando-a assim. Pensemos no clima que é gerado quando uma pessoa *fala bem* de um colega ausente. Qualquer um que o escute experimenta o sentimento reconfortante de não ser um alvo em potencial de futuras calúnias (ao menos por parte daquela pessoa). Obviamente, é necessário que as coisas boas faladas a respeito do ausente sejam verdadeiras; do contrário, o discurso soará falso e será inútil. Pode-se, ademais, objetar que às vezes não é fácil encontrar coisas boas para dizer sobre alguém... Todavia, não é verdade que é *sempre* possível encontrar atenuantes, ou pelo menos a *hipótese* de que você não conhece todos os elementos do contexto?

O fato é que cada pessoa merece que se fale bem dela, e não apressadamente. São Josemaria o expressa de maneira concisa e muito exigente: «Por isso, volto a insistir: quando não puderes louvar, e não seja necessário falar, cala-te!»[9].

Em muitas línguas existe uma expressão que é potencialmente perigosa: *com o perdão da palavra*. «Com o perdão da palavra, aquele ali é um inútil». Aliás, pode-se descobrir que, muitas vezes, essa forma de falar é usada como premissa para o palavrão, como se houvesse motivos de força maior que justificassem o uso de expressões vulgares para definir certa pessoa ou situação. Com o perdão da palavra, sua casa é uma zona, o marido da titia é um grosso... e assim por diante, em um crescendo que não há necessidade de exemplificar.

A questão aqui, no entanto, não é se é conveniente ou não usar um linguajar vulgar, mas antes se o uso de expressões levianas para definir pessoas e situações é *justo*. Se pensarmos bem, nenhum de nós concorda com a ideia de que, ali, fala-se sobre o marido da titia ou sobre a casa (por razões de pressa) de forma aproximativa. Por exemplo, ninguém suporta ser rotulado: «Sabe, você é o

---

(9) *Sulco*, n. 592.

típico...». Ou ainda: «Gente como você sempre reage assim nessas situações...». Parece-nos que esse modo de falar é uma simplificação, uma injustiça, uma espécie de condenação obtida por meio de um processo sumário, em que ninguém me dá tempo de expressar meu ponto de vista. Em inglês, costuma-se usar a expressão *to make a long story short*. O problema é que algumas histórias não precisam ser abreviadas.

Falar *bem* das pessoas (presentes ou ausentes) requer *um pouco mais de tempo*. O problema é que muitas vezes a falta de afabilidade ou cortesia vem precisamente da pressa. Talvez, no final, se perca mais tempo procurando entender uns aos outros depois dos mal-entendidos e das feridas produzidas por palavras ditas com pressa, sem levar em consideração os que as escutavam. No fim das contas, falar bem das pessoas, usando as palavras certas e sem exageros ou simplificações, é mais rápido e menos trabalhoso do que enxugar lágrimas constantemente e esclarecer que não se quis dizer aquilo com aquelas palavras. Corre-se o risco de não restar outro caminho senão esta desculpa dada, de modo involuntariamente cômico, por um famoso jogador de futebol acusado de insultar um colega: «Não me reconheço nas palavras que eu disse».

Outro exemplo: estou falando com um amigo e o telefone toca. Vejo quem está telefonando e me escapa uma exclamação: «Ah, não! Esse cara chato de novo!». Peço desculpas ao interlocutor e atendo a ligação dizendo: «Meu querido! Que alegria ouvi-lo! Não, imagine, você nunca atrapalha, pode falar». Talvez, ao falar, eu sorria para aquele que está à minha frente, como quem diz: «O que é que se pode fazer...?». Talvez eu nutra a impressão de ter conseguido administrar bem a situação. Na realidade, aquele que assiste a um teatro como esse não pode deixar de pensar que, mais cedo ou mais tarde, chegará sua vez de ser tratado da mesma maneira.

São Josemaria dá uma sugestão muito prática. Ao falar entre amigos sobre um ausente, é melhor fazê-lo como se a pessoa estivesse ali presente e ouvindo. Quando se escreve sobre alguém, é bom fazê-lo de maneira que a pessoa em questão, ao ler o que escrevi, não fique magoada. Isso possui, ademais, certas aplicações interessantes, que merecem uma análise aprofundada e que dizem respeito a todas as comunicações escritas, mesmo àquelas que parecem mais efêmeras: quantas vezes acontece de um texto chegar acidentalmente a uma pessoa que não é seu destinatário, ao que o remetente lamenta amargamente ser demasiado explícito em uma apreciação que termina por ser lida justamente por quem era seu objeto. «Não foi isso o que eu quis dizer» não é uma justificativa confiável. A verdade é: «Não achei que você fosse ler isto que escrevi (sobre você)». Uma solução seria demonstrar que eu *não reflito* sobre aquilo que escrevo, o que, no entanto, se ao menos me justifica parcialmente diante de quem ofendi, mostra de maneira embaraçosa que escrevo sem pensar. E talvez seja essa a raiz do problema.

E não se trata apenas de uma questão de *nuances*: expressar mal, com algumas palavras precipitadas, um julgamento sobre alguém não é sequer falta de cortesia, mas sobretudo uma mentira. As pessoas não são meros «objetos» que podem ser enquadrados em algumas palavras cortantes.

Hoje, tendemos a pensar que a forma não é importante, que o essencial seria a intenção. «As boas maneiras», costuma-se dizer, «são formalidades que só valem para quem tem tempo». No entanto, as boas maneiras e as boas formas são muito mais essenciais, significativas e necessárias do que se pensa.

Capítulo III
Aprender as boas maneiras

**Convenções, técnicas de manipulação...
ou outra coisa?**

No final de *Os noivos*, após o tão esperado casamento com Lucia, o bom Renzo passa por um momento difícil: devido a uma calúnia rural, torna-se «grosseiro com todos». «Não que estivesse indo contra a etiqueta», especifica Manzoni, «mas sabeis quantas coisas belas podem ser feitas sem ofender as regras da boa educação: até gargalhar».

Hoje em dia, as boas maneiras geralmente são vistas de duas formas: como regras formais impostas pela convivência civil, ou como técnicas de sucesso para levar os outros a fazerem o que você quer. Em ambos os casos, são de alguma forma encaradas «em oposição» à sociabilidade, isto é, à qualidade que permite manter, com naturalidade, um relacionamento sincero e harmonioso com os outros. Seria como se a convivência com outras pessoas me levasse a desistir de mim ou, ao contrário, a desenvolver formas práticas de manipular os que me rodeiam.

No primeiro caso, as boas maneiras são tratadas como normas de etiqueta impostas desde fora, as quais constrangem, e às vezes sufocam, minha naturalidade: tenho de ceder e desistir de me expressar porque a sociedade me impõe certas regras rígidas que são completamente convencionais.

É esse conceito que surge em uma página do romance *Suíte francesa*, de Irène Némirovsky, que descreve o encontro chocante entre uma idosa aristocrata da França ocupada e um soldado alemão, forçados pela guerra a viver sob o mesmo teto:

> Quando a velha sra. Angellier e o alemão ficavam cara a cara, ambos retrocediam instintivamente: um gesto que poderia passar, da parte do oficial, por uma ostentação de cortesia, pelo desejo de não incomodar, com sua presença, a dona da casa, mas que no fundo se assemelhava ao regateio de um cavalo de corrida assim que vê uma víbora entre os cascos. A sra. Angellier, por sua vez, nem sequer se preocupava em reprimir o arrepio que a atravessava e permanecia rígida de terror, como alguém que tocasse uma besta perigosa e imunda. Tudo isso, entretanto, durava apenas um momento: a boa educação serve precisamente para corrigir as reações instintivas da natureza humana.

As boas maneiras seriam, pois, convenções sem as quais os indivíduos despedaçariam uns aos outros, como tantas bestas ferozes que não são livres em presença de seus instintos. «O homem é o lobo do homem», diz o adágio que é a base do individualismo clássico. Para evitar o triunfo do abuso e da violência, todos, querendo ou não, devem cumprir certas regras convencionais que não correspondem ao modo de ser da pessoa, mas chegam a ela impostas de fora.

Na outra extremidade, as boas maneiras são vistas como meras técnicas de sucesso na sociedade: «A boa educação», diz uma máxima cáustica de Mark Twain, «consiste em esconder o quanto pensamos bem de nós mesmos e o quanto pensamos mal dos outros», o que seria necessário para alcançar os próprios objetivos. A fim de obrigar os outros a fazerem o que quero, há alguns procedimentos que dão resultado. Sem um engano constante, sem relações falsas, seria impossível alcançar o que desejo, uma vez que os outros me impediriam de fazê-lo – e de diversas maneiras.

A verdade, entretanto, é que o discurso poderia ser muito mais simples e natural do que os dois pontos de vista que acabo de mencionar.

As boas maneiras são manifestações externas de respeito nas relações humanas. Não vale dizer que isso é «mera questão de forma». A forma é essencial, e não um jogo de palavras. Se eu disser coisas ruins, serei injusto e não me farei entender. Se tentar fazer o bem passando por cima da forma, mais cedo ou mais tarde perceberei que não cheguei ao resultado desejado ou que o alcancei a um alto custo, ferindo muita gente. E isso também nos faz perder muito tempo enxugando lágrimas e recuperando relacionamentos.

O respeito que nutro pela outra pessoa, por *qualquer*

pessoa enquanto pessoa – mesmo por alguém que encontro por acaso, na escada rolante de uma loja de departamentos –, deve ter manifestações externas. Caso contrário, não é verdadeiro. A razão, diz Romano Guardini, está em que:

> A existência humana se desenvolve em dois planos, o exterior e o interior. No primeiro, as palavras são pronunciadas e as ações, realizadas; no segundo, os pensamentos se tornam consistentes, as intenções se formam e as decisões do coração são feitas. Essas duas áreas pertencem uma à outra e constituem o mundo único da existência.

No entanto, há mais: bons costumes e cortesia não são nem mesmo restrições que dependem do mundo exterior. Antes, são algo natural e necessário. Constituídos de linguagem verbal e não verbal, manifestam o natural respeito mútuo que antecede o diálogo pessoal. Sem um mínimo de *formalidade*, a comunicação entre duas pessoas se torna impossível. Sem uma gramática, por mais simples que seja, não pode haver linguagem compreensível, que facilite a comunicação entre as pessoas. Cada gramática é necessariamente rígida: não é algo espontâneo e funciona a partir dessa rigidez, que no entanto não se opõe à liberdade daqueles que a utilizam.

Deve-se notar que é hoje raro encontrar quem ensine sistematicamente a *gramática das boas maneiras*. Pelo contrário, muitas vezes ela é descrita como «coisa do passado», boa para a época da rainha Vitória. Para piorar, tratar-se-ia de coisas velhas, que muitas vezes mascarariam hipocrisia e egoísmo... Todavia, em todo o mundo encontramos, ao mesmo tempo, cursos que ensinam certas formas elementares de cortesia, de *bom-tom* – por exemplo, à mesa –, e que vêm adquirindo sucesso cada vez maior, uma vez que os bons modos geralmente não são ensinados nem na família, nem na escola. Em certo ponto, os jovens percebem que não sabem qual é o *comportamento adequado* a um determinado local, a uma dada situação ou a uma pessoa específica. E, ao perceberem isso, percebem também que a forma não é algo acessório.

São Tomás de Aquino ensina que *in omnibus oportet observari modus*, isto é, que é oportuno aprender a comportar-se de forma adequada a cada situação e cada pessoa. A esse *modus*, São Tomás remonta, por meio da etimologia, a palavra *modéstia*: a arte de usar os *modos*, os comportamentos exteriores que convêm a cada circunstância. Podemos chamá-los de elegância, cortesia, boas maneiras ou muitas outras expressões com as quais os bons modos são indicados.

Note-se que a palavra «modéstia» não tem andado muito na moda. Ela praticamente só é entendida em sentido pejorativo, como certa diminuição da personalidade. Quando falo sério sobre qualquer coisa a meu respeito, muitas vezes acrescento a expressão «modéstia à parte». Além disso, em geral o adjetivo «modesto» é usado como sinônimo de «escasso» e «pouco valor»: uma inteligência *modesta*, uma casa *modestamente* decorada, e assim por diante. Em inglês, o termo *modesty* está associado principalmente ao modo de se vestir, e mesmo nesse caso não se trata de um conceito que costuma ser interpretado de maneira positiva.

No entanto, o significado clássico da palavra «modéstia» é muito mais amplo e, sem dúvida, positivo. A clássica tradução latina de uma famosa passagem de São Paulo diz que *modestia vestra nota sit omnibus hominibus*. Certificar-se de que minha modéstia seja «conhecida por todos» pode parecer contraditório. Na realidade, não o é se a modéstia for o *modo* como inicio um relacionamento amoroso e aberto com os outros – com todos, ou seja, tanto com os amigos quanto com as pessoas que encontro por aí. Com efeito, uma tradução italiana da passagem de São Paulo verte a *modestia vestra* latina por «vossa afabilidade». Em todo caso, esse sentido mais amplo atribuído à palavra «modéstia» sempre tem a ver com a ideia de humildade, mas em sentido específico: ficar em seu lugar, prestando atenção no contexto e em quem o acompanha.

Ainda assim, porém, permanece uma dúvida: esse discurso não conduziria inevitavelmente à simulação, ao *mascaramento* daquilo que se tem na alma, com o intuito de evitar que apareça no relacionamento com outra pessoa? Aqui, talvez seja útil especificar, com palavras que um estudante de educação chamado Jonah Lynch aplica sobretudo aos jovens, mas que podem ser estendidas a todos, que:

> Desde sempre o homem, em especial o adolescente, se sente tentado a usar máscaras. Ele quer reforçar certos aspectos de si mesmo e esconder outros. Isso é inevitavelmente desmascarado no relacionamento com os amigos, uma vez que não é possível esconder por um longo tempo, àqueles que se encontram por perto, a verdade sobre si. E estar sem máscara na frente

de outra pessoa é a própria essência do relacionamento humano maduro. O resto são *relações públicas*.

Podemos dizer que é a amizade, e de modo geral a interação com os outros, o que nos obriga a remover a máscara atrás da qual todos tendem a se esconder. As relações interpessoais, mesmo as mais supérfluas, pouco a pouco trazem à luz quem somos de verdade, na autenticidade do próprio modo de ser. Ao mesmo tempo, tentar adaptar o próprio modo de ser, de se expressar e de se mover àquelas pessoas e lugares em que nos encontramos não é o mesmo que se enganar. Não se trata de um fingimento, mas de um esforço para tentar *se sintonizar* com o ambiente e as pessoas que nos rodeiam.

Trata-se de um compromisso pessoal, que não pode se limitar a um gesto de ocasião. Ricardo Yepes diz que:

> Ser educado não significa apenas tratar os outros de forma correta e cortês, o que já implica reconhecê-los dignos de um bom tratamento. Trata-se de algo mais, de não fazer nenhum gesto, mesmo que pequeno, que seja incômodo ou embaraçoso, e também de procurar a elegância, a delicadeza e a graça no dizer e no fazer, de modo a merecer a estima, a apreciação e até mesmo a admiração.

O fascínio da elegância

Procurar a graça no dizer e no fazer é uma boa definição tanto para a afabilidade quanto para a elegância, duas virtudes que, na prática, aparecem muitas vezes unidas e que são verdadeiramente afins. Afabilidade e elegância: autênticas mesmo quando exigem compromisso e não são *espontâneas*, isto é, quando não são qualidades irreflexivas e independentes de uma escolha livre e voluntária, que passa também pela linguagem.

Aprender a elegância e as boas maneiras é um objetivo para todos, bem como aprender a perceber o que dizemos (ou não dizemos) com aquelas gestos que talvez nos pareçam triviais ou inconscientes.

Por exemplo, uma maneira frequente e não muito elegante de demonstrar desprezo por alguém é *deixar de escutá-lo* porque estamos fazendo outra coisa enquanto ele está falando. Quantas vezes isso não ocorre porque estamos verificando mensagens no celular durante o almoço com um amigo, sem resistir ao poderoso chamado do sinal que nos avisa que chegou uma mensagem! É tão difícil deixar o telefone no bolso, com o som desligado? É mais importante ler as últimas notícias *imediatamente* ou ouvir um amigo por meia hora seguida, sem distrações?

Outro exemplo: falar com alguém por telefone enquanto você está fazendo outra coisa. Dá-se ao interlocutor aquilo que, do ponto de vista clínico (porque pode até se tornar uma patologia), alguns chamam de *atenção constante parcial*. O interlocutor atento, no entanto, bem o percebe. Há uma breve pausa entre sua pergunta e nossa resposta. Há, também, muitos comentários vazios («Ah, sim!», «Fala sério!», «Jura?»), os quais não faríamos se o estivéssemos acompanhando com verdadeiro interesse e que muitas vezes só servem para ganhar tempo, impedindo que digamos algo que revele que não ouvimos bem o que está a dizer... Surge, então, a pergunta que nos encurrala: «Mas você quer parar de olhar o computador enquanto eu falo com você?».

Estes são apenas exemplos. Não devem ser levados tão a sério porque o significado dos gestos pode variar de acordo com os lugares, a idade dos interlocutores e muitos outros fatores, ainda mais quando se trata de ferramentas tecnológicas em constante evolução. Além disso, é precisamente essa mudança constante que exige uma reflexão igualmente constante sobre o significado dos gestos e atitudes.

Todavia, a elegância é uma das formas mais claras de demonstrar nossa atenção aos outros. E, quando você tenta atingi-la, também descobre um fruto inesperado: essa combinação de afabilidade, delicadeza e autenticidade sorridente que constitui a elegância acaba por se tornar muito atraente. Ouçamos um professor da Antiguidade, Santo Ambrósio, sem esquecer o sentido mais amplo que os clássicos atribuíam à palavra «modéstia», muitas vezes quase um sinônimo de elegância:

> Não nos esqueçamos, antes de tudo, de que nada é tão útil quanto ser amado e nada é tão prejudicial quanto não ser amado [...]. Quando a bondade vem acompanhada da doçura e da mansidão do caráter, bem como da moderação nas ordens e da afabilidade no falar, da eficácia na expressão, da escuta paciente na conversa e do encanto da modéstia, conquista-se um afeto de incrível intensidade.

Por mais paradoxal que possa parecer, qualquer um pode fazer esta experiência: a modéstia e a elegância, mesmo no mundo de hoje, fazem sucesso. São algo fascinante. Um amigo diz:

> Conquistei a mulher que é hoje minha esposa em uma das primeiras noites nas quais saímos. Ela só me contou isso muito tempo depois. Eu consegui conquistá-la quando saí do carro no meio da tempestade e fui abrir sua porta, protegendo-a com um guarda-chuva – um gesto de cortesia muito simples.

A elegância, como bem revela essa história, *impressiona*.

Quem encarna a elegância é uma figura clássica da história da cultura: o cavalheiro. Não estamos nos referindo à sua caricatura, feita de hipocrisia e formalismos, e sim ao modelo, presente no grande humanismo clássico e cristão, de quem não se considera diferente de nenhum semelhante, de quem não tem por indiferente nada que diga respeito a outra pessoa (*nihil humani a me alienum puto*, diziam os latinos: nada do que é humano me é estranho).

Um personagem histórico que retrata bem esse modelo é um humanista renascentista, culto, modesto e sorridente, mas ao mesmo tempo tão íntegro e tão forte que chega a ser heroico. Trata-se de Thomas More: pai de família, político de primeira grandeza na Europa do início do século XVI, chanceler da Inglaterra e mártir que Henrique VIII assassinou porque não teve seu divórcio por ele aprovado, o que implicou, ao mesmo tempo, a separação entre a Igreja inglesa e a Igreja Católica.

Um contemporâneo de Thomas More disse sobre ele que possuía:

Gentileza, modéstia, afabilidade e, a depender da situação, a capacidade de demonstrar tanto uma hilaridade e um divertimento maravilhosos quanto uma serenidade solene – trata-se de um homem para todas as estações.

Adaptar-se a todas as estações quer dizer muitas coisas ao mesmo tempo: capacidade de ser autenticamente adorável nos momentos de sorte e de azar (no momento do triunfo social e no do fracasso), como também nas situações mais variadas, desde um jantar de gala até uma viagem diplomática, de uma reunião na família até uma pesquisa científica. Trata-se de ser autêntico e afável nos diferentes períodos da vida – no auge da juventude, na maturidade, diante dos limites impostos pela velhice, na saúde e na doença. Dessa elegância autêntica Thomas More é considerado mestre insuperável.

Releiamos uma página de Erasmo de Roterdã, amigo pessoal e grande admirador de Thomas More:

> Corresponde seu semblante ao caráter, exprimindo certa jovialidade afável e amistosa, com um leve ar de zombaria. Em palavras francas: trata-se de rosto que traduz antes graciosidade do que gravidade ou solenidade, embora esteja assaz distante da tolice ou da bufonaria.

A descrição continua e dá destaque à elegância nos modos:

> Apraz-lhe vestir-se com simplicidade, e não se reveste de seda, púrpura ou correntes de ouro, exceto

quando não lhe é permitido prescindir delas. Pouquíssima importância dá a formalidades assim, as quais, para a gente comum, constituem a prova da polidez; e, uma vez que não exige solenidades tais dos outros, também não é escrupuloso quanto a cumpri-las ele mesmo, seja na companhia de outrem, seja em momentos de recreação, não obstante saiba bem como empregá-las caso as julgue convenientes. Segundo crê, é efeminado e indigno de um varão perder tempo com mesquinharias assim.

Quanto a Thomas More, continua Erasmo:

>Tem-se a impressão de que nasceu e foi feito para a amizade, da qual é o devoto mais sincero e perseverante. [...]. Em companhia sua, a afabilidade e a doçura extraordinárias são de tal ordem que alegram até o espírito mais apagado e aliviam o peso das mais penosas circunstâncias.

Para o autor deste livro, um homem que resume bem o que estamos a dizer é outra figura clássica inglesa: John Henry Newman. Um de seus célebres trechos diz que «pode-se quase definir o cavalheiro dizendo que se trata daquele que nunca inflige dor». O verdadeiro cavalheiro é quem:

>Cautelosamente evita tudo quanto possa causar choque ou abalo no espírito daqueles com os quais compartilha seu destino – todos os confrontos de opinião ou os conflitos de sentimento, toda reserva, suspeita, tristeza ou ressentimento. Sua grande preo-

cupação está em que todos se sintam à vontade e em casa. Atenta, ainda, para todo o que lhe faz companhia: é terno com o tímido, gentil com o introvertido e compassivo com aqueles que são ridículos. Não esquece com quem está falando, abstém-se de alusões inoportunas e de temas que podem irritar. Raramente coloca-se em primeiro plano nas conversas, e nunca é cansativo.

Atenta para toda a sua companhia: é necessário ter visão de conjunto e perspicácia para perceber o contexto em que nos encontramos, trate-se das circunstâncias do lugar e do ambiente, trate-se das características e dos estados de ânimo dos que ali estão. Alguns possuem essa sensibilidade de forma natural; outros a conquistam com o exercício.

Isso não significa que o resultado seja algo falso ou mentiroso porque não é espontâneo. «Natureza não é mera espontaneidade», diz o filósofo Ricardo Yepes:

> Mas também senso de medida, moderação e ausência de exageros, pois os excessos destroem a elegância e tornam desordenados as coisas e os gestos. A verdadeira beleza vai sempre unida à naturalidade. Agir com espontaneidade e moderação, com gosto e estilos pessoais que demonstram uma beleza profunda: é nisso, em síntese, que consiste a elegância.

Pensemos neste que talvez seja o exemplo mais emblemático de elegância: a dança. «Ele não tem ideia de quanto esforço eu fiz», disse, certa vez, uma estudante universitária. «A dança é maravilhosa, mas dos oito aos dezoito anos ela foi muito dura para mim. Trata-se de uma verdadeira paixão, mas... que luta!». Não obstante, provavelmente qualquer um que tenha visto a garota dançar teve apenas uma impressão de naturalidade, espontaneidade e elegância.

Um aspecto frequentemente negligenciado das lições que o Evangelho dá aos homens de todos os tempos é o espírito senhoril: não se trata de «clamorosa e chamativa pobretice, máscara da preguiça e do desleixo», ensina São Josemaria Escrivá. E continua, com palavras que merecem uma leitura cuidadosa, uma vez que oferecem uma base evangélica para a elegância cristã:

> Deves vestir-te de acordo com o tom da tua condição, do teu ambiente, da tua família, do teu trabalho..., como os teus colegas, mas por Deus, com a preocupação de oferecer uma imagem autêntica e atrativa da verdadeira vida cristã. Com naturalidade, sem extravagâncias. Assevero-vos que é melhor que pequeis por excesso que por defeito.

O risco, às vezes, está em oferecer uma imagem deformada das virtudes cristãs, como se estivessem cobertas com uma pátina de mediocridade, de despreocupação:

> Como é que tu imaginas o porte de Nosso Senhor? Não pensaste na dignidade com que vestia aquela túnica inconsútil, tecida provavelmente pelas mãos de Santa Maria? Não te lembras de como se lamenta, na casa de Simão, por não lhe terem oferecido água para se lavar antes de sentar-se à mesa? Certamente Ele trouxe a lume essa falta de urbanidade para realçar,

com esse episódio, o ensinamento de que o amor se manifesta nos detalhes pequenos, mas procura também deixar claro que se atém aos costumes sociais do ambiente. Portanto, tu e eu devemos esforçar-nos por estar desapegados dos bens e dos confortos da terra, mas sem destoar nem fazer coisas estranhas[10].

Voltaremos depois aos fundamentos evangélicos da cortesia, da afabilidade e do bom humor. Basta aqui recordar, a título de resumo, que São Francisco de Assis, em um de seus *fioretti*, define a cortesia como «uma das propriedades de Deus, que dá seu sol e chuva ao justo e ao injusto por cortesia; e a cortesia é irmã da caridade, que afugenta o ódio e conserva o amor».

É possível que alguns achem um pouco «tradicionais» essas referências ao humanismo cristão, como se não passassem de um apelo aos velhos tempos, a um classicismo que agora se foi, passou...

Na verdade, mesmo em seus *Segredos de beleza*, Audrey Hepburn nos oferece uma visão que pouco difere do humanismo a que nos referimos. Trata-se de um texto de que a atriz gosta muito: ela o lê em voz alta à família no Natal de 1992, pouco antes de morrer. É interessante saber que Hepburn, um ícone insuperável de charme e elegância, compartilhou o seguinte:

> Para ter lábios atraentes, pronuncie palavras gentis. Para ter um olhar brilhante, procure o lado bom das pessoas. Para ter uma figura esbelta, compartilhe sua

---

(10) Josemaria Escrivá, *Amigos de Deus*, n. 122.

comida com o faminto. Para ter o cabelo lindo, deixe que um menino ou uma menina o penteie com os dedos pelo menos uma vez ao dia. Para ter um andar elegante, caminhe com a consciência de que você nunca andará sozinho. As pessoas, ainda mais do que as coisas, precisam ser restauradas, renovadas, revividas, recuperadas e redimidas: nunca rejeite ninguém [...]. A beleza da mulher não está em sua roupa, em sua figura ou em seu penteado. A beleza da mulher é encontrada em seus olhos, que são a porta de entrada para o coração, onde reside o amor. A beleza da mulher não está em uma pinta, mas é um reflexo de sua alma. É a atenção que sabe dar ao amor, a paixão que pode mostrar. E essa beleza na mulher cresce com o passar dos anos.

A atenção à elegância e à gentileza não parece hoje limitada ao mundo da arte e do entretenimento. De acordo com um estudo realizado na Universidade de Harvard, dentro de um programa chamado Making Caring Common, da capacidade de gentileza depende boa parte do sucesso pessoal, e mesmo assim apenas 20% dos pais a têm por prioridade educacional. Além das avaliações específicas, é certamente significativo que em Harvard exista um programa que lida com questões assim, desejando com isso enfatizar a importância da gentileza e do compromisso com o bem comum, bem como promover estratégias concretas em escolas e famílias para desenvolver essas capacidades.

«Em minha vida, só me arrependo de não ter sido mais gentil», disse o escritor George Saunders quando, em 2013, foi convidado a proferir um discurso como patrono dos graduandos na Universidade de Siracusa, nos Estados Unidos. Em seu discurso, propôs a gentileza como regra para o sucesso de quem está começando a carreira profissional:

> De quem vocês se lembram com maior carinho no decorrer da vida? Com o mais inegável sentimento de cordialidade? Daqueles que eram mais gentis com você, aposto. Talvez isso seja um pouco simplista, e é certamente difícil colocá-lo em prática: no entanto, eu diria que, como objetivo de vida, vocês fariam bem se tentassem *ser mais gentis*.

Em fevereiro de 2017, em Trieste, foi assinado o «Manifesto da Comunicação Não Hostil», nascido de uma consulta de milhares de pessoas evidentemente cansadas da linguagem litigiosa e violenta cada vez mais difundida na internet e alhures. Entre os pontos ali contidos, lemos por exemplo que, «antes de falar, devemos ouvir»; e, ainda, que «ninguém está sempre certo» e que «as ideias podem ser discutidas», «as pessoas devem se respeitar». E mais: «As palavras são uma ponte: escolho as palavras para entender, me fazer entender e me aproximar dos outros».

Em suma, o humanismo cristão parece sintonizar uma necessidade percebida nas mais diversas áreas de nossa cultura.

O corpo como abertura aos outros

Vimos que os bons costumes não se reduzem a algo de convencional e imposto desde fora. São frequentemente uma linguagem que permite manifestar o próprio eu sem desrespeitar aqueles que nos rodeiam. Uma espécie de naturalidade que exige o domínio de si, um domínio que só se alcança por meio do exercício.

Pode parecer paradoxal, mas revela-se razoável quando paramos para pensar sobre o assunto: somente por meio do exercício é que um violinista interpreta com naturalidade uma peça difícil, dando a impressão de que a música flui espontaneamente. Graças a uma longa preparação composta de fadiga, repetição e disciplina, uma bailarina aprende a se mover com leveza, aparentemente sem esforço. Já é lugar-comum dizer que somente com compromisso e aplicação uma pessoa torna-se capaz de dar o melhor de si mesma. Diz Romano Guardini:

> Quando alguém está mal-humorado, o que seu corpo faz? Fica descomposto. Quando, por sua vez, a pessoa está feliz, o corpo se eleva. A alegria do corpo é contemplada na atitude de compostura. Encontramos aqui um campo de exercício: o de endireitar-nos. A cabeça alta, a fronte virada para a luz, os ombros em linha reta. Endireitados, porém, também em nosso interior, e não somente do lado de fora. O corpo tende por si só a se descompor, e nesses casos dizemos que nosso corpo é um estorvo, e tudo nos parece insignificante e fastidioso. Eis por que temos de nos aprumar também interiormente.

O esforço para «endireitar-se» interior e exteriormente se faz necessário à convivência normal entre as pessoas. Caso contrário, o corpo se torna uma desordem. É como quando, para permitir que uma pessoa que vem na direção contrária pela rua passe, acabamos nos dirigindo para o mesmo lado que ela, corrigindo, ambos, a rota muitas vezes, de modo involuntariamente sincronizado, até o ponto em que é preciso parar a fim de evitar o esbarrão. Ou quando, distraidamente, não cedemos a passagem a alguém à entrada de uma sala e nos chocamos. Esses erros acontecem quando você não se dá o trabalho de *conceder espaço* ao outro – antes de mais nada, desde um ponto de vista material.

Diz-se que cerca de 70% das mensagens que comunicamos são transmitidas pela linguagem não verbal, isto é, pelo conjunto de gestos e atitudes corporais que muitas vezes expressamos de maneira inconsciente, mas que dizem muito a quem está diante de nós.

Em todo caso, a primeira atitude deve ser a de notar o outro e «criar espaço para ele», o que sempre implica, de alguma maneira, prestar atenção e cuidar de nosso corpo, com pequenos gestos materiais que estão longe de ser formalidades opcionais. Hoje, muitos experimentam a solidão só porque, no final do dia, quando se põem a pensar sobre isso, percebem que ninguém cuidou delas. Talvez recorram a muitos prestadores de serviços, os quais lhes garantem lavanderia, limpeza, refeições, quiçá até mesmo de qualidade... No entanto, notam certa ausência de uma «casa». A casa é o lugar em que alguém cuida de mim e eu cuido de alguém. E – repetimos – esse cuidar consiste, antes de mais nada, em alguns cuidados com o corpo. A carta de São Tiago diz, com palavras expressivas:

> Se a um irmão ou a uma irmã faltarem roupas e o alimento cotidiano, e algum de vós lhes disser: *Ide*

em paz, aquecei-vos e fartai-vos, mas não lhes der o necessário para o corpo, de que lhes aproveitará? (Tg 2, 15-16).

O ponto é que não é fácil estabelecer o que se faz «necessário» para o corpo. Não ficar com frio e com fome, apenas? É evidente que não se trata disso. Estas são coisas necessárias, mas não suficientes. Um café da manhã no bar da estação me dá nutrição suficiente para começar o dia. A fatia de bolo que minha mãe faz, por sua vez, talvez me ofereça um número semelhante de calorias, mas o resultado é diferente: no preparo, afinal, minha mãe está cuidando de mim, e eu sinto isso e me regozijo.

O que fica claro é que o corpo não é somente um instrumento que uso. Meu corpo sou eu, e os tantos aspectos meramente «materiais» que lhe dizem respeito revelam algo essencial sobre o meu jeito de ser: a roupa, a higiene pessoal, o penteado, o porte... E há ainda a casa, que é extensão do corpo e onde a intimidade de um se expande e se faz capaz de acolher outras pessoas que, juntas, constituem uma família: os móveis da sala de estar, a organização da cozinha, a limpeza do banheiro, a ordem dos adornos e vários outros aspectos materiais do lar dizem muito sobre a família que ali vive.

Avancemos um pouco e acrescentemos que os corpos também não são «veículos habitados» por pessoas. Se fôssemos indivíduos fechados cada qual em seu próprio escafandro, bastaria que todos concordassem com alguma norma convencional capaz de regular o trânsito e evitar os acidentes. As pessoas, porém, não são carros, e o corpo não é uma carroceria dotada de para-choque e da proteção do código de trânsito. O corpo não é mero casco, um invólucro que me contém. Meu corpo, repetimos, sou eu. Diz Jonah Lynch:

> No corpo, descobrimos a beleza do relacionamento. Descubro que os limites físicos não são uma gaiola mortal, mas um limite permeável, que permite a comunhão. Descubro que, pelo fato de a minha mão não ser a da pessoa que a aperta, é lindo que nossas mãos estejam unidas. Se não houvesse fronteira, não haveria nem mesmo essa surpresa e essa gratidão que experimentamos com a proximidade de alguém.

As boas maneiras são, portanto, necessárias para entrarmos em contacto com os outros. Ensina Joseph Ratzinger:

> Na realidade do corpo manifesta-se quem e o que é o outro. No modo como vê, olha, age, entrega-se, vemos a nós mesmos; isso nos leva para perto e junto do outro: é, ao mesmo tempo, limite e comunhão. Eis por que é possível viver a si mesmo e a própria corporeidade de maneira diferente: pode-se vivê-la mais na direção do isolamento ou mais na direção da comunhão.

Isolamento no eu ou abertura aos outros: essas alternativas estão muito presentes nas pequenas escolhas de cada um de nós. «Em particular, nesta época de crise, hoje é importante não nos fecharmos em nós mesmos», repetiu o Papa Francisco em várias ocasiões, «enterrando o nosso talento, as nossas riquezas espirituais, intelectuais e materiais, tudo o que o Senhor nos concedeu, mas abrir-nos, ser solidários e atentos ao próximo»[11]. Referindo-se então a uma situação frequente nas grandes cidades, o Santo Padre propõe, em tom meio sério e meio engraçado, duas perguntas àqueles que dão esmola a um mendigo: «"E quando você dá a esmola, olha nos olhos da pessoa a quem dá a esmola?" "Ah, não sei, não me dou conta disso"». Segunda pergunta: «Quando você dá a esmola, toca a mão ou joga a moeda?»[12]. Sem *olhar nos olhos*, sem *tocar a mão*, não pode haver encontro pessoal.

O Papa Francisco falou repetidas vezes das três expressões que se fazem necessárias para que uma família prospere: *com licença*, *obrigado* e *desculpe* (parece-nos, ademais, que são valiosas também para qualquer ambiente de trabalho ou entretenimento, para cada lugar que desejemos tornar *humano*). Todavia, leiamos a aplicação específica que o papa dá ao mundo familiar:

> Três palavras-chave! Peçamos *licença* para não ser invasivos em família. «Posso fazer isto? Gostas que faça isto?». Com a linguagem de quem pede licença. Digamos *obrigado*, obrigado pelo amor! Mas diz-me: Quantas vezes ao dia dizes obrigado à tua esposa, e tu ao teu marido? Quantos dias se passam sem eu dizer esta palavra: obrigado! E a última: *desculpa*. Todos erramos, e às vezes alguém fica ofendido na família e no casal, e algumas vezes – digo eu – voam os pratos, dizem-se palavras duras... Mas ouvi este conselho: Não

---

(11) Papa Francisco, Audiência geral, 24 de abril de 2013.
(12) Papa Francisco, Videomensagem pela Festa de São Caetano na Argentina, 7 de agosto de 2013.

acabeis o dia sem fazer as pazes. A paz faz-se de novo a cada dia em família![13]

Para viver assim é necessário lutar em um combate decisivo contra nossa tendência a «ficar sozinhos», a permanecer sozinhos, fechados em nós mesmos – nossa tendência, em suma, a ver nos outros sobretudo potenciais perturbadores de meu silêncio. Minha capacidade de me relacionar com os outros depende em grande parte dessa luta. Por outro lado, se o valor a ser protegido a todo custo é a privacidade, ou seja, minha autonomia individual, o absoluto moral torna-se não ser intrusivo. No entanto, o valor essencial não está na autonomia de todos como indivíduos, mas na interdependência das pessoas, que *sozinhas* realmente não podem ser elas mesmas. O importante não deve ser, pois, deixar os outros em paz ou não ser importunado, mas pedir permissão para entrar na vida dos outros. Afinal, você quer, com todo o seu coração, travar relações verdadeiras com aqueles que o rodeiam – colegas, parentes, amigos e conhecidos –, entrar em um relacionamento gentilmente, mas sem medo de assumir os riscos que cada relação implica. Diz Romano Guardini:

> A simpatia que o homem sente o perturba e lhe impõe obrigações. É por isso que seu egoísmo tenta se defender dessa simpatia, vendo no próximo um estranho: é ele, não sou eu. Está lá, não aqui. Vejo o que lhe acontece, alegro-me, entristeço-me, mas

---

(13) Papa Francisco, Discurso às famílias em peregrinação por ocasião do ano da fé, 26 de outubro de 2013.

não sou ele. No fundo, isso não me interessa... Enquanto o homem pensar assim, o amor e a justiça não serão levados a sério, e tudo o que for dito sobre o amor será um engano. Jesus, a propósito, diz: teu amor só será verdadeiro se deixares cair essa barreira. É preciso se colocar no lugar do outro e perguntar-se: se fosse comigo, o que eu gostaria que acontecesse? Somente na medida em que fizermos isso, estaremos no amor. *Tudo o que quereis que os homens vos façam, fazei-o vós a eles* (Mt 7, 12).

É essa a base de todo humanismo cristão. Para o cristão, não basta uma atitude interior vaga, que permanece trancada no íntimo de cada indivíduo como um pensamento desencarnado. Também a esses aspectos teremos oportunidade de retornar ao final destas reflexões. Antes, porém, aprofundemo-nos naquele gesto fundamental com que vem manifestada a abertura aos outros: o sorriso.

Capítulo IV
Sorrir encontrando a si mesmo

Em uma passagem de seu célebre discurso de aceitação do Nobel da Paz, Madre Teresa de Calcutá fez um convite que surpreendeu muitos dos presentes: «Dai sempre um sorriso a vossos familiares. Oferecei-vos reciprocamente vosso tempo em família. Dai-lhes um sorriso».

Uma condição prévia para atingir esse objetivo é cultivar uma visão sorridente de si mesmo. Trata-se de uma aceitação particular do próprio modo de ser que permite não dramatizar a situação em que nos encontramos, isto é, a não me levar muito a sério e não levar muito a sério os demais. Diz Romano Guardini:

> O mau humor surge das pequenas contrariedades do dia. Nasce do coração assaz suscetível, que acha tudo ruim, que reclama constantemente, que não é capaz de rir, de perdoar, de passar por cima de algo quando necessário. Xô, mau humor! Trata-se de uma

doença da alma. Deve-se expulsá-lo imediatamente, assim que espreite, sem hesitações.

O ponto de partida é não perder de vista a *minha* humanidade e o fato de que, como qualquer um, também tenho limites. Ter limites não é um defeito, mas um fato puro e simples.

À primeira vista, pode parecer que alguém dotado de grandes responsabilidades (políticas, sociais, de administração corporativa) deve ser muito sério, pois de outra forma não seria levado a sério por ninguém. Certamente não pode, ademais, ser um tolo: uma brincadeira fora de lugar, em um momento delicado, quando as pessoas estão preocupadas com um problema grave, cria um grande embaraço.

Ao mesmo tempo, pode-se sustentar o seguinte paradoxo: para sermos levados a sério, devemos cuidadosamente evitar nos levar a sério – ou, pelo menos, não dar a impressão de nos levar a sério. Se alguém se dirige a mim com uma atitude de convicta seriedade, em geral me convence menos do que outro que se expressa com certa indiferença em relação a si próprio, à sua própria experiência e às suas crenças.

No início da minha vida profissional, tive a sorte de conhecer um verdadeiro professor: Umberto Farri. Ele tinha 44 anos a mais do que eu, e basicamente me tornei seu secretário particular, acompanhando-o em todas as reuniões de que participava. Era um grande contador de histórias, mas também, e acima de tudo, um ouvinte extraordinário, qualidade que comecei a estimar cada vez mais com a passagem dos anos. Não é nada comum pedir conselhos e ouvir com interesse uma pessoa muito mais nova. Sempre que falava sobre algum acontecimento pessoal – algo que raramente era por iniciativa própria –, Umberto Farri o fazia com uma espécie de timidez surpreendente. Ele poderia ostentar um diploma *honoris causa* recebido no Peru e várias honras granjeadas, por exemplo, na China, na Armênia, na Etiópia (e na Itália), mas era evidente que não as levava a sério. Por outro lado, uma arte na qual se destacava era contar histórias em que não causava uma boa impressão, o que muitas vezes era narrado de forma realmente hilariante para quem o ouvia.

Aprender a rir do próprio erro, sabendo ver e descrever sem complexos algum lado cômico de nosso comportamento, é muito útil para um professor, um pai, um líder.

Afinal, uma qualidade importante para aqueles que têm alguma responsabilidade educacional ou diretiva é saber que um erro, quando identificado e reconhecido franca e publicamente pelo que é, não põe em questão a autoridade, quanto mais a dignidade pessoal. Olhar para os próprios atos com um sorriso encoraja os outros a expressarem diferentes pontos de vista e opiniões e, eventualmente, a fazerem sugestões, comentários, correções. Trata-se de uma atitude que, de todo modo, torna o diálogo muito mais fácil.

No entanto, não é suficiente compreender apenas de maneira intelectual e teórica a importância dessas observações. É preciso experimentá-las – e isso é muito mais fácil do que podemos achar: basta tentar, por exemplo, contar a um amigo alguma tolice que fizemos, sem justificar ou encontrar atenuantes em cada passagem, sem evitar os detalhes mais ridículos. Melhor ainda seria contá-lo a um pequeno grupo de amigos, quiçá até (caso seja mais fácil) parentes. Não se trata de um exercício de autoagressão, mas de uma forma de aprender a olhar abertamente para os próprios limites sem fazer disso uma tragédia. Basta pensar na má impressão causada por alguém investido de certa autoridade (professor, gerente, padre, governante) que erra em público e logo tenta se justificar, talvez acusando um terceiro presente ou ausente («Não é possível que esse cara nunca consiga botar um microfone para funcionar!»).

Pensemos, agora, na simpatia irresistível que sentimos por alguém que reage sorrindo, ou até mesmo rindo de si mesmo. Ainda mais irresistível é a simpatia daquele que, como reação a uma piada irônica que lhe é dirigida em público, ri de forma *sinceramente divertida*, juntando-se ao coro das risadas, das zombarias das quais se tornou objeto.

Em família, é muito comum que uma das saídas mais eficazes para as tensões que inevitavelmente surgem por causa da convivência cotidiana seja precisamente saber sorrir e rir juntos. Se um pai, por exemplo, diante das reivindicações histéricas de um filho adolescente, consegue fazê-lo sorrir, a tensão de repente se dissolve. Não se trata de rir *dele* com sarcasmo, o que é sempre contraproducente, mas de rir *com ele* e carinhosamente.

«A autoironia salvará o mundo», canta um poeta ítalo-francês, «ou pelo menos a mim». Antes de aceitar os limites e o modo de ser dos outros, é necessário saber como conviver consigo mesmo. Quando me deparo com os limites de meu modo de ser, tenho como desafio aceitar essa constatação sem dramatizá-la. Em última análise, trata-se de descobrir novamente o próprio modo de ser, de *reconhecer-se* sem se julgar e se condenar. Reconhecer a si mesmo com um sorriso: eis a base da autoestima e do bom humor.

Em 2006, um jornalista perguntou a Bento XVI qual era a importância do bom humor e da leveza na vida de um papa. E a resposta foi:

> Não sou um homem para quem as piadas vêm continuamente à mente, mas também considero muito importante saber perceber o aspecto divertido da vida e sua dimensão alegre, e não ver tudo de forma tão trágica. Eu diria também que isso é necessário para o meu ministério. Certo escritor declarou que os anjos podem voar porque não se levam muito a sério. Talvez pudéssemos até voar um pouco mais se não déssemos tanta importância a nós mesmos.

A citação era de uma memorável página de Chesterton: «Os anjos podem voar porque olham para si mesmos com leveza». O discurso, porém, se amplia: «levar-se muito a sério» é tomado como sinal de soberba, sendo muitas vezes acompanhado de tons solenes (quando se fala sobre si mesmo) e olhares severos (para os outros). Continua Chesterton:

> O orgulho consiste em rebaixar tudo a uma solenidade fácil. «Acomodamo-nos» em uma espécie de seriedade egoísta, quando necessário é elevar-se a um alegre esquecimento de si mesmo.

A seguinte piada se tornou famosa:

> A seriedade não é uma virtude. Talvez seja uma heresia, mas uma heresia muito mais sensata, dizer que a seriedade é um vício. Há uma tendência (uma espécie de decadência) natural a levar-se a sério porque esta é a coisa mais fácil a se fazer.

Segue-se, então, a brilhante conclusão: «A solenidade sai dos homens sem dificuldades; o riso, ao contrário, é como levantar peso. É fácil ser pesado e difícil ser leve. Satanás caiu pela força da gravidade». Lembro-me de uma frase de Daniel Pennac, que afirma que «ironia e autoironia são indispensáveis, dado que uma alma sem qualquer ironia acaba por tornar-se um verdadeiro inferno».

À cômoda seriedade que acompanha o orgulho se contrapõe, portanto, a humildade daqueles que não se levam muito a sério. O orgulho faz com que nos olhemos no espelho solenemente. Não há apenas falta de humildade, mas também pouca coragem. Na verdade, é necessário ter força para se olhar com realismo, vencendo o medo que tende a atenuar os próprios defeitos em um quadro com contornos pouco claros, em que é mais fácil atribuir responsabilidade aos outros e permanecer calmo... Chesterton encontra nessa visão uma deformação da realidade produzida por nada menos do que a tentação do demônio.

O precursor dessa ideia de Chesterton é Thomas More, que descreve a luta contra a tentação do seguinte modo:

> Ficaram alguns inteiramente livres dessas fantasias pestíferas ao apenas desprezá-las, traçando um sinal da

cruz sobre o coração e expulsando, assim, o diabo, por vezes até desdenhando-o e pensando em algo mais.

Diante dessa atitude de escárnio, o demônio se retira, «uma vez que o espírito orgulhoso não suporta ser ridicularizado». Não é por acaso – digamos, de passagem – que essas palavras de More foram colocadas por C.S. Lewis no início das *Cartas de um diabo a seu aprendiz*, um verdadeiro tratado de espiritualidade baseado no bom senso, no bom humor e na humildade, considerados as principais armas na luta contra o tentador.

Uma oração tradicionalmente atribuída a Thomas More pede a Deus o dom do senso de humor, ao lado da graça de «aproveitar o riso para que saboreie nesta vida um pouco de alegria, e possa partilhá-la com os outros». Esse pedido, entretanto, é precedido por outro, que é a base necessária para a alegria cotidiana:

> Dá-me uma alma que não conheça o aborrecimento, nem as murmurações, nem os suspiros, nem os lamentos, nem preocupações excessivas com esse obstáculo chamado *eu*.

O que distingue o senso de humor afetuoso do sarcasmo ou da ironia cortante é a humildade. Na verdade, a linguagem sarcástica e desdenhosa tende a impor o próprio ego aos outros. Por outro lado, aqueles que se olham com humildade sorridente tendem a tratar as pessoas com respeito e a levá-los a sério. Um humor que desprezasse os outros facilmente se tornaria afirmação do eu *contra* todos.

O cordial «Boa noite!» com o qual o Papa Francisco

abriu seu primeiro discurso entrou para a história. Não foi visto, porém, como uma gafe causada pela falta de familiaridade com seu novo papel. Com o passar dos dias, a atitude aberta e informal do novo pontífice mostrou-se característica de sua personalidade, que leva-o, de modo especial, a falar de improviso, abandonando o texto escrito com antecedência. Todavia, tons semelhantes também são encontrados em um texto de caráter formal, ou seja, em uma carta enviada pelo Santo Padre aos bispos argentinos no final de março de 2013, no qual ele começa por desculpar-se:

> Por não estar convosco devido a «compromissos assumidos há pouco» (isso soa bem?). Estou espiritualmente junto a vós e rogo ao Senhor que vos acompanhe muito nestes dias[14].

Ao fim da carta, o Papa pede aos bispos argentinos: «Peço-vos, por favor, que rezeis por mim, para que não creia em mim mesmo e saiba escutar o que Deus quer, e não o que quero». A expressão espanhola *«que yo no me la crea»* (e que traduzimos como «que não creia em mim mesmo») pode ser traduzida também por «que não me leve muito a sério».

A esse respeito, o comportamento de Thomas More nos últimos momentos de vida é emblemático: enquanto pedia ajuda para subir ao patíbulo, dizia aos que lhe estendiam o braço para não se preocuparem: «Para descer, eu me viro sozinho». Ou, enquanto cofiava a bar-

---

(14) Papa Francisco, Carta aos participantes da 105ª Assembleia Plenária da Conferência Episcopal Argentina, 25 de março de 2013.

ba, recomendava que o executor tivesse cuidado para não cortá-la ao decapitá-lo, pois ela «não foi culpada de traição».

Somente a humildade e o bom humor preservados até o momento do martírio permitem que Thomas More pronuncie palavras em que ressoam a magnanimidade e a coragem de um herói clássico: «Morro servidor fiel do rei, mas de Deus em primeiro lugar». Um de seus biógrafos afirma que essas palavras «são as mais altivas, as mais orgulhosas que já foram pronunciadas no patíbulo». Conseguiu pronunciá-las um homem capaz de não se levar a sério e, ao mesmo tempo, de ver os outros com seriedade, tanto aqueles que teve ao seu redor quanto os que o precederam. Nele, tudo estava unido, diz Louis Bouyer:

> O advogado profissional, o homem de Estado, o pai de família, o amigo, o pensador, o místico, o mártir, além do homem comum, com sua perspicácia, sua sensibilidade, sua generosidade e seu humor, que coloca tudo em seu devido lugar, deixando de lado com doçura, mas também firmeza, todo e qualquer aspecto falso.

Nestas reflexões, muitas vezes foram mencionados autores e textos pertencentes à tradição e à cultura cristã. Mas o cristianismo terá mesmo algo a dizer sobre o sorriso?

Capítulo V
Uma leitura teológica do sorriso

«Cânticos melhores teriam de cantar para que eu aprendesse a crer no seu Redentor, e mais redimidos teriam de parecer-me seus discípulos!». Essas são as famosas palavras com as quais Nietzsche acusa os cristãos de serem tristes. Se a acusação fosse dirigida somente aos cristãos, poderíamos facilmente responder que nem mesmo a vida deste filósofo alemão pode ser considerada um exemplo de felicidade e êxito. No entanto, o alvo de Nietzsche não é somente o cristão, mas o próprio Jesus Cristo: «E qual foi, na terra, o maior pecado? Não foi a palavra daquele que proclamou: *ai daqueles que agora riem*?».

É preciso reconhecer que a acusação de Nietzsche tem algum fundamento. De fato, nos primeiros séculos do cristianismo, o sorriso e a alegria não eram vistos com bons olhos, ou ao menos não eram apresentados de maneira positiva por muitos mestres da espiritualidade e da moral. É fácil encontrar nos Padres da Igreja declarações que criticam a piada, a brincadeira ou a diversão. Deve-

-se a São Tomás de Aquino a recuperação do bom humor e da piada como virtude, para os quais ele usa a palavra *iucunditas*, isto é, jovialidade, bom humor, alegria. E a *iucunditas*, para São Tomás, deve ter manifestações claramente visíveis, como a hilaridade e o sorriso.

É provável que esse ensinamento do grande mestre da teologia católica tenha permanecido – como outros – em silêncio. O fato é que a paródia do rabugento todo sério, triste e cinza penetrou no imaginário coletivo e, ainda hoje, faz-se muito presente.

Pode-se alegar que no Evangelho nunca se diz expressamente que Jesus riu. É verdade. No entanto, é evidente que a personalidade de Jesus era atraente e convidava à camaradagem. Ele não rejeitou, mas antes atraiu pessoas de todos os tipos, de todas as idades e condições. Trata-se de um mestre facilmente acessível, que demonstra suprema delicadeza com os necessitados, que se comove diante da dor e da miséria humana e lhes oferece remédio por meio da afabilidade, da proximidade. É capaz de conversar com gente de todas as categorias: sábios como Nicodemos, pessoas que a sociedade não aceitava bem, como a samaritana, Zaqueu ou a prostituta. Jesus sabe ouvir pacientemente e deixar o interlocutor à vontade; aproxima-se de todos com simplicidade, instila confiança no primeiro cumprimento e facilita a abertura do coração. Ainda mais significativo é que pessoas de todo tipo o abordam sem medo: as crianças, os doentes, um jovem de boa família, que *corre ao encontro de* Cristo e o chama espontaneamente de «bom»... Talvez o episódio mais emblemático seja o longo diálogo com os discípulos de Emaús, que sugere como a paciência simpática e a cordialidade estão intimamente ligadas ao anúncio da boa-nova do Evangelho.

Todavia, não seria irreverência pensar que Deus, o Criador do céu e da terra, o Senhor do universo, sorri?

A questão é central no diálogo entre dois frades que, na clássica obra de ficção científica intitulada *As crônicas marcianas*, de Ray Bradbury, estão voando para Marte com a intenção de evangelizar o planeta que acaba de ser colonizado. «Quando o senhor falará a sério?», censura um deles ao companheiro, acusando-o de leviandade:

> Não o farei até que Nosso Senhor o faça. Ah, não me venha o senhor com esse ar escandalizado! Nosso Senhor não é sério. Na verdade, é um pouco difícil dizer que seja algo além de amor. E o amor tem a ver com o humor, o senhor não acha? Afinal, não é possível amar alguém a não ser que o aturemos, não é verdade? E não é possível aturar alguém a não ser que seja possível rir dele. Não é verdade? Além disso, somos uns animaizinhos ridículos a se revolver em potes de brigadeiro, e Deus deve nos amar ainda mais porque despertamos Seu senso de humor.

O interlocutor fica perplexo: «Nunca pensei no Senhor como alguém bem-humorado». E a resposta é deslumbrante: «O criador do ornitorrinco, do camelo, do avestruz e do homem? Ah, me poupe!».

Na realidade, a Bíblia também diz que *Aquele* [...] *que mora nos céus se ri*. E acrescenta que *o Senhor zomba deles* (Sl 2, 4), isto é, de suas criaturas. Escarnecer, zombar, pode parecer uma atitude um pouco difícil, e provavelmente o é no contexto do Salmo em que se encontra a expressão, que fala do Deus que zomba das criaturas que absurdamente se acreditam superiores ao Criador. No entanto, é possível fazer uma interpretação mais benevolente, que revela o sorriso habitual de Deus quando assiste aos seus filhos. A Bíblia apresenta várias vezes esse olhar sorridente do Criador, que *brinca sobre o globo de sua terra, achando as minhas delícias junto aos filhos dos homens* (Pr 8, 31). O profeta Neemias diz que a *alegria do Senhor será a vossa força* (Ne 8, 10), isto é, a base da tranquilidade das criaturas. Poderíamos dizer que a alegria com a qual o Criador contempla cada uma de suas criaturas é o único fundamento verdadeiramente sólido de nossa *autoestima*.

Podemos resistir (e também sorrir) nas mais diversas situações da vida porque Deus, quando olha para cada um de seus filhos, sorri cheio de carinho. A promessa de Jesus é, na verdade, bastante explícita: *Bem-aventurados os que choram, porque serão consolados* (Mt 5, 4). E a frase não está contida em uma passagem marginal do Evangelho, mas nas bem-aventuranças, isto é, naquele que talvez seja o discurso mais solene de Jesus, uma espécie de *magna carta* em que o Senhor explica como as coisas funcionam.

A promessa, ademais, é reafirmada no testamento espiritual de Jesus relatado por São João na Última Ceia: *E haveis de estar tristes, mas a vossa tristeza se há de transformar em alegria.* (Jo 16, 20). E novamente: *Sem dúvida, agora estais tristes, mas hei de ver-vos outra vez, e o vosso coração se alegrará e ninguém vos tirará a vossa alegria* (Jo 16, 22).

Todavia, se a alegria é um ensinamento tão fundamental de Jesus, por que não é mais *evidente*, por que precisamos refletir para compreendê-la? Por que esse aspecto central do Evangelho parece ter escapado a muitos cristãos?

«A alegria [...] é o gigantesco segredo do cristão»: é esta a resposta que Chesterton propõe, e para justificá-la ele descreve vários traços da personalidade de Jesus que despontam nos Evangelhos, comparando-os com a mentalidade comum entre muitos filósofos e intelectuais:

> Os estoicos, antigos e modernos, orgulhavam-se de esconder as próprias lágrimas. Ele jamais escondeu as Suas; mostrou-as claramente em Seu rosto aberto, a qualquer hora do dia, como quando contemplou de longe Sua cidade natal. No entanto, havia algo que Ele escondia. Os super-homens repletos de solenidade, os diplomatas imperialistas, se orgulham de conter a própria raiva. Ele nunca a conteve. Derrubou as bancas nos degraus do Templo e quis saber dos homens como esperavam escapar da condenação ao inferno. No entanto, há algo que Ele conteve. Digo-o com reverência: havia naquela devastadora personalidade um traço que devemos chamar de reserva. Havia algo que Ele escondia de todos os homens quando subia a montanha para rezar. Havia algo que constantemente ocultava com um brusco silêncio ou um isolamento impetuoso. Havia algo que era grande demais para Deus nos mostrar enquanto caminhava pela terra; e por vezes me pus a imaginar se tratasse de Sua risada.

Tudo isso pode ter consequências práticas muito significativas na vida de alguém que acredita em Deus. Ouçamos, a esse respeito, as palavras de São Josemaria, palavras que nos ajudam a viver o relacionamento com o Senhor evitando tons dramáticos e muito sérios, mesmo nos momentos em que as coisas não parecem estar indo bem:

> E quando nos passar pela cabeça que estamos interpretando uma comédia, porque nos sentimos gelados, apáticos; quando estivermos aborrecidos e sem vontade; quando se nos tornar árduo cumprir o dever e alcançar as metas espirituais que nos propusemos, terá soado a hora de pensar que Deus brinca conosco e espera que saibamos representar a nossa *comédia* com galhardia[15].

O cardeal Albino Luciani, alguns dias antes de tornar-se João Paulo I, chamou São Josemaria de o santo do «sorriso cotidiano». Entende-se o porquê pela conclusão do raciocínio que acabamos de mencionar:

> Mas, Padre, pode-se interpretar uma comédia com Deus? Isso não é uma hipocrisia? Fica tranquilo: chegou para ti o instante de participar numa comédia humana com um espectador divino. Persevera, que o Pai, e o Filho, e o Espírito Santo contemplam a tua comédia; realiza tudo por amor a Deus, para agradar-lhe, ainda que te custe. Que bonito é ser jogral de Deus!

O amor de Deus, seja aquele que Ele nutre por nós, seja a resposta mais ou menos adequada que damos, tem

---

(15) Josemaria Escrivá, *Amigos de Deus*, n. 152.

como sinal inconfundível a alegria manifestada no sorriso. Madre Teresa de Calcutá, uma das personalidades cristãs que deixaram um dos traços mais luminosos e profundos no século XX, se dirigia aos seus filhos espirituais com estas palavras: «Sejam gentis uns com os outros. Acho que é melhor errar na bondade do que fazer milagres com falta de bondade». E acrescentava:

> A gentileza está na base do mais alto grau de santidade. Se aprendida a arte da gentileza, você se tornará cada vez mais como Cristo, pois Seu coração era manso e Ele sempre foi gentil com os outros. Nunca permita que alguém venha a seu encontro e se vá sem se sentir melhor e mais feliz. Seja expressão da bondade de Deus. Bondade em seu rosto e nos olhos, bondade em seu sorriso e em sua saudação.

É isso o que Josef Pieper expressa, com densidade filosófica, em uma passagem central de seu ensaio «O amor». Seu ponto de partida é a ideia de que amar é dizer a uma pessoa: «Que bom que existes». Com efeito, no Gênesis, Deus quer dizer precisamente isso ao afirmar que o homem que acabara de criar *era muito bom* (Gn 1, 31). De alguma forma, ademais, o amor entre as criaturas é reprodução do amor criativo de Deus, o qual, no entanto, nem sempre pode se manifestar de maneiras sublimes... O amor entre as pessoas:

> Deve, em vez disso, se expressar no gesto diário de ajuda ativa, na gentileza de uma saudação e um agradecimento, em um sorriso ou, ainda, em um mero murmúrio amigável.

Reproduzamos toda a passagem de Pieper, uma vez que vai ao encontro do discurso que temos desenvolvido nestas páginas:

> O amor terá então, naturalmente, de se materializar no dificílimo e, ao mesmo tempo, humilde comportamento do qual o Novo Testamento fala: não ser invejoso, não demonstrar a própria superioridade, não gozar da injustiça, não se ressentir do mal (e assim por diante). Por outro lado, às vezes é preciso lembrar que o próprio estado de mau humor, fato ao qual quase não damos importância em nosso comportamento diário, terminaria na negação da criação, no desejo, se sua intencionalidade fosse até as últimas consequências, de que o outro não precisasse existir.

A menção às Escrituras remete ao hino à caridade da primeira carta de São Paulo aos coríntios, isto é, a um dos vértices da revelação de Deus como amor. Esforçar-se para manter diariamente o bom humor é uma forma de dizer sim ao amor que Deus renova e confirma em mim todos os dias.

Capítulo VI

Os cinco remédios contra a tristeza

Na Bíblia, o livro do Eclesiástico (30, 22-25) adverte claramente contra o perigo de se deixar tomar pelo desânimo:

> Não entregues tua alma à tristeza, não atormentes a ti mesmo em teus pensamentos. A alegria do coração é a vida do homem, e um inesgotável tesouro de santidade. A alegria do homem torna mais longa a sua vida. Tem compaixão de tua alma, torna-te agradável a Deus, e sê firme; concentra teu coração na santidade, e afasta a tristeza para longe de ti, pois a tristeza matou a muitos, e não há nela utilidade alguma.

Todos sabemos que, se eu puder sorrir ao olhar para mim mesmo, viverei muito melhor as situações em que me encontro. E também sabemos que há dias em que não consigo superar certo mau humor interior que atinge os estados de ânimo e polui os relacionamentos. Existe alguma maneira prática de superar a tristeza e recuperar o sorriso?

Para responder a essa pergunta, releiamos alguns conselhos dados muitos séculos atrás. Trata-se dos remédios contra a tristeza propostos por São Tomás de Aquino, cujo estilo analítico e preciso tentaremos traduzir em linguagem mais relacionada à nossa sensibilidade. Tentaremos verificar, também, como cada um desses remédios é evangélico. Para começar, observemos que a tristeza é uma experiência que Jesus experimentou pessoalmente em várias ocasiões: quando da morte de seu amigo Lázaro; no encontro casual com uma viúva; ao considerar a perturbadora situação política da cidade de Jerusalém, da qual intui a iminente ruína; até a grande tristeza e angústia experimentada antes de Sua morte, durante as horas de oração no Horto das Oliveiras.

O primeiro remédio contra a tristeza proposto por São Tomás é um prazer qualquer. Esta pode parecer uma visão materialista ou simplificadora, mas é difícil negar que um dia cheio de amargura pode recuperar alguns pontos graças a uma cerveja com um amigo depois do jantar. Talvez essa seja uma previsão medieval da ideia – atualmente muito difundida – de que o chocolate, por exemplo, é um antidepressivo. De todo modo, não é verdade que se trata de um materialismo incompatível com o Evangelho. Não conhecemos tantos aspectos da vida diária ao lado de Jesus, mas entre eles há a ocasião em que o Senhor é convidado a um almoço; em que aprecia um peixe (e até o cozinha, fazendo um tipo de grelhado para receber os discípulos após a segunda pesca milagrosa); em que participa de um banquete de casamento e demonstra interesse pelo vinho – bebida de resto muito apreciada na Bíblia, que em um dos Salmos chega a falar do *vinho que alegra o coração do homem* (Sl 104, 15)...

Outro remédio proposto por São Tomás é o choro. De fato, muitas vezes um momento de melancolia se torna mais difícil por não haver escape, e é como se a amargura se acumulasse até dificultar toda e qualquer ação. O choro é uma linguagem, uma forma de expressar e afrouxar o nó de uma dor às vezes sufocante. São João descreve de forma muito vívida os passos com os quais Jesus se aproxima da tumba onde seu amigo Lázaro, morto há pouco, está enterrado: a primeira a falar sobre a morte de seu amigo é a irmã dele, Marta; depois chega Maria, e a tensão emocional do Senhor cresce de forma visível enquanto o levam para ver o sepulcro. O Evangelho conta que essa emoção prevalece e que *Jesus pôs-se a chorar* (Jo 11, 35) na frente de todos.

O choro de Jesus não é um simples detalhe colorido no relato evangélico. Refletindo sobre a eterna questão da dor, Papa Francisco afirma que:

> Quando o coração consegue pôr a si mesmo a pergunta e chorar, então podemos compreender qualquer coisa. Há uma compaixão mundana que para nada serve! Uma compaixão que, no máximo, nos leva a meter a mão na carteira e dar uma moeda. Se esta tivesse sido a compaixão de Cristo, teria passado, teria

curado três ou quatro pessoas e teria regressado ao Pai. Somente quando Cristo chorou e foi capaz de chorar é que compreendeu os nossos dramas[16].

Afirmar que o choro também tem valor *cognoscitivo* é uma reflexão preciosa e iluminada. «Certas realidades da vida», conclui o papa, «só se veem com os olhos limpos pelas lágrimas. Convido cada um de vós a perguntar-se: aprendi eu a chorar?».

O terceiro remédio sugerido contra a tristeza é a compaixão dos amigos. Está ligado ao anterior, uma vez que a proximidade e a partilha de um amigo geralmente constitui uma boa oportunidade para dissolver a dor em um grito libertador. Experiência semelhante é expressa por um personagem de *Os noivos*, que conta a Renzo os graves infortúnios que haviam atingido sua família devido à peste:

> São coisas ruins, disse o amigo, coisas que jamais imaginaríamos ver, coisas para nos tirar a felicidade durante a vida inteira; no entanto, comentá-las entre amigos é um alívio.

A amizade é ainda remédio para o mau humor mais superficial, aquele que talvez não esteja ligado a grandes tragédias, mas que é igualmente fonte de amargura e tolhe nosso sorriso. Experimente: quando você se sente um pouco para baixo e tende a ver tudo coberto por uma pátina de cinza, é muito eficaz ter uma atitude receptiva em relação a algum amigo ou conhecido. Às vezes, basta uma

---

(16) Papa Francisco, Discurso aos jovens em Manila, 18 de janeiro de 2015.

mensagem, uma breve chamada telefônica, para contar algo ou ouvir alguém, e a visão se aclara.

O Evangelho conta como Jesus, nas horas sombrias de abatimento e angústia que precederam a Paixão, levou consigo seus discípulos – em particular, três deles. Mostrava, assim, como apreciava o conforto de seus amigos, seus confidentes, e não de um grupo genérico de «apoiadores». Aquelas eram três pessoas com nomes precisos: Pedro, Tiago e João. E, visto que os três amigos falham e adormecem, a necessidade de compartilhar do Senhor permanece insatisfeita, e São Lucas conta como *apareceu-lhe um anjo do céu para confortá-lO* (Lc 22, 43).

O quarto remédio proposto por São Tomás de Aquino é a contemplação da verdade. Não pretendemos iniciar aqui qualquer discussão sobre o que um teólogo de oito séculos atrás entende por «verdade» e o que ela significa na linguagem de hoje. Para ser preciso, São Tomás fala – citando Santo Agostinho – do esplendor da verdade (*fulgor veritatis*). E pode-se dizer que contemplar o esplendor das coisas, da natureza, de uma obra de arte, da música, surpreender-se pela beleza de uma paisagem, pode ser um bálsamo muito eficaz contra a tristeza. Eis o comentário de um crítico literário que, alguns dias depois de experimentar um luto intenso, foi convidado a dar uma palestra sobre o tema da aventura em Tolkien: «Falar sobre coisas bonitas diante de pessoas interessadas foi um verdadeiro alívio».

Várias vezes os discípulos, ao ouvirem as palavras de Jesus, manifestam certa perplexidade. Parecem ter a impressão de nunca conseguir captar a profundidade do que ouviram. Por um lado, Jesus os encoraja a observar a realidade: *Olhai as aves do céu: não semeiam nem ceifam, nem recolhem nos celeiros e vosso Pai celeste as alimenta* (Mt 6, 26). E novamente: *Considerai como crescem os lírios do campo; não trabalham nem fiam. Entretanto, eu vos digo que o próprio Salomão no auge de sua glória não se vestiu como um deles* (Mt 6, 28-29). Por outro, é como se ele lhes mostrasse que as coisas possuem uma verdade íntima que os olhos desacostumados à contemplação não são capazes de ver. Ao mesmo tempo, o Mestre felicita-os pelo que estão vendo: *Bem-aventurados os vossos olhos, porque veem! Ditosos os vossos ouvidos, porque ouvem!* (Mt 13, 16). E, embora as partes diretamente interessadas não sejam capazes de entender por completo o significado do que têm diante dos olhos, o louvor torna-se ainda mais explícito: *Eu vos declaro, em verdade: muitos profetas e justos desejaram ver o que vedes e não o viram, ouvir o que ouvis e não ouviram.* (Mt 13, 17).

Uma maneira de alcançar esse olhar contemplativo que vai além da aparência e da opacidade das coisas é sem dúvida a arte. Um comentário de Guardini a respeito das naturezas-mortas pintadas por Cézanne pode ser esclarecedor:

> Há uma mesa; na mesa há um prato; no prato há duas maçãs. Nada mais. Está tudo lá, bem iluminado e evidente. Nada mais a perguntar, nem a responder. Tudo é misterioso, tudo é mais do que aquilo que é à primeira vista. Chegamos a pensar que o mistério faz parte da clareza, que constitui a profundidade que o ser deve ter para não se tornar uma ilusão; que o ser

é feito de mistério: coisas, acontecimentos, todo este acontecimento chamado vida.

A arte é uma forma de aprofundar o mistério da vida, e essa é uma luz que sempre oferece consolo e conforto. No entanto, a contemplação que realmente supera toda tristeza é um dom – o dom por excelência oferecido pelo Evangelho: o encontro com Deus feito homem, que não por acaso define-se a si mesmo como *o caminho, a verdade e a vida* (Jo 14, 6).

Esse tipo de reunião é narrado no Evangelho pelo menos uma vez de forma precisa e detalhada. Dá-se na tarde do domingo da ressurreição de Jesus, ao longo da estrada que leva de Jerusalém a Emaús. Os viajantes são dois discípulos daquele Mestre que morrera três dias antes, e por isso voltam de Jerusalém tomados pela tristeza mais profunda. Então, Jesus em pessoa começa a andar ao lado deles, *mas os olhos estavam-lhes como que vendados e não o reconheceram* (Lc 24, 16). O Senhor, diz o Evangelho, tenta inteirar-se do que estão falando aqueles dois entristecidos. Da história, parece que se entende que a tristeza é o principal obstáculo para reconhecer a Deus, que se faz presente para iluminar nossa vida. Jesus cura por meio da escuta os dois discípulos de Emaús, libertando-os do vício da tristeza, aquecendo seus corações pela apresentação da verdade das Escrituras. No final, *se lhes abriram os olhos e o reconheceram... mas Ele desapareceu* (Lc 24, 31). Eles não O veem mais, porém agora aprenderam a olhar a realidade com novos olhos, com esperança.

O último remédio proposto por São Tomás é o que talvez menos se esperasse de um mestre medieval. De fato, o teólogo afirma que a dor é eficazmente aliviada por meio de um banho e de uma boa noite de sono (o Aquinate não recomenda necessariamente ambos os recursos juntos; tampouco especifica a ordem em que ambas as atividades seriam particularmente recreativas).

O bom senso desse último conselho é evidente e universalmente comprovado. É mais difícil encontrar um episódio evangélico que confirme sua validade, exceto talvez o fato de que certamente Jesus recorreu a ambos os remédios rotineiramente, como toda pessoa normal. Além disso, ao menos uma vez o Evangelho O descreve pegando no sono, durante uma travessia de barco. Vale a pena destacar, aqui, o quão profundamente *cristão* é entender que, para remediar um mal espiritual, é útil que haja um alívio corporal. Essa é uma regra fundamental da fé cristã que vem da realidade da encarnação. A partir do momento em que Deus se tornou Homem e assumiu um corpo, superou-se no mundo material a separação entre matéria e espírito. Um preconceito generalizado diz que a visão cristã do homem se baseia em certa oposição entre alma e corpo, na qual o último seria sempre visto como fardo ou obstáculo para a «vida espiritual». Na realidade, a visão cristã não opõe a alma ao corpo, mas, ao contrário, afirma que a pessoa (alma e corpo) fica inteiramente «espiritualizada» quando procura a união com Deus. São Paulo explica isso de forma sugestiva: afirma que, *se há um corpo animal, também há um espiritual* (1 Cor 15, 44) e acrescenta que *nem todos morreremos, mas todos seremos transformados* (1 Cor 15, 51). Na verdade, *é necessário que este corpo corruptível se revista da incorruptibilidade, e que este corpo mortal se revista da imortalidade* (1 Cor 15, 53).

Com seu bom senso costumeiro e repleto de bom humor, Thomas More tece um comentário que bem se aplica ao último remédio proposto por seu homônimo mestre medieval e que transcrevemos na íntegra:

> Ninguém deve julgar estranho que se aconselhe a tomar como guia um médico do corpo quando se trata de doença do espírito [...]. Uma vez que corpo e alma estão tão próximos e unidos que formam uma só pessoa, a distensão de um gera às vezes a distensão de ambos. Por conseguinte, do mesmo modo como recomendaria, em se tratando de doença do corpo, a confissão e um bom médico espiritual que garanta a saúde da alma, meu conselho é que procures, para as doenças da alma, além do médico espiritual, o conselho de um médico do corpo.

Capítulo VII
Por uma evangelização cordial

O Papa Francisco afirma que «a Igreja deseja viver uma profunda renovação missionária» e acrescenta que existe:

> Uma forma de pregação que nos compete a todos como tarefa diária: é cada um levar o Evangelho às pessoas com quem se encontra, tanto aos mais íntimos como aos desconhecidos. É a pregação informal que se pode realizar durante uma conversa [...].

E essa forma de evangelização «sucede espontaneamente em qualquer lugar: na rua, na praça, no trabalho, num caminho»[17].

Já falamos várias vezes em como a afabilidade e o bom humor são essenciais para as relações humanas, no quanto são muito mais do que um acessório opcional que só pode ser solicitado por aqueles de temperamento condi-

---

(17) Papa Francisco, Encíclica *Evangelii gaudium*, n. 127.

zente. *Deus é amor* é uma das definições de Deus mais concisas da Bíblia. Está lá, na Primeira Carta de São João: *Deus caritas est* (1 Jo 4, 8). São Tomás de Aquino define a caridade como *amizade com Deus*, e a isso se referem algumas palavras particularmente significativas, também transmitidas por meio de São João: *Chamei-vos amigos, pois vos dei a conhecer tudo quanto ouvi de meu Pai* (Jo 15, 15). Jesus Cristo chama todos a um compartilhamento especial com Deus, a uma relação de amizade que pode ser considerada uma espécie de resumo de toda a mensagem do Evangelho. O apostolado, ademais, a evangelização, não é mais do que envolver outra pessoa em meu relacionamento de amizade com Deus.

O objetivo é claro. O problema é que muitas vezes parece não haver espaço para a amizade no meio do trabalho, da família e das mil e uma coisas a serem feitas todos os dias. Onde encontramos tempo para cultivar relações com aqueles que nos rodeiam? Como fazer amigos, *viver* a caridade, se não consigo *sobreviver* ao ritmo de meus dias? Além disso, para falar a verdade, não me sinto muito convincente. Às vezes não estou nem mesmo tão convicto do Evangelho, ou seja, daquilo que eu deveria transmitir aos outros. Para piorar, muitas vezes, quando procuro convencer alguém de algo que se refere a Deus ou à Igreja, encontro oposição ou indiferença... Isso está longe de ser evangelização! Por onde se pode começar?

Essas não são objeções feitas à toa: o eu é realmente o ponto em que cada pessoa – umas mais, outras menos – se localiza. A seguir, destacamos três etapas que estão ao alcance de todos e que podem constituir uma maneira realista de sair do vazio, de conseguir realizar uma evangelização amigável, feita com o coração e capaz de alcançar igualmente o coração dos que nos rodeiam.

O primeiro passo consiste em se propor alguns gestos simples de cordialidade. A afabilidade, a cortesia, a gentileza, as boas maneiras e o sorriso sincero são uma espécie de aproximação à amizade, realizada por meio de uma sociabilidade serena e familiar com aqueles que nos rodeiam. E esses gestos são também um bom ponto de partida para aqueles que querem *aprender* a viver a amizade. Não é possível fazer amizade com os colegas? As relações familiares se resfriam e você não vê como restaurar calor dos relacionamentos? Comece a cumprimentar com simpatia, a escutar aquilo que lhe dizem no início da manhã, durante uma simples conversa no desjejum, na lanchonete ou na cozinha. Passe a querer sorrir quando o interlocutor faz uma piada, mesmo que não pareça tão engraçada... Não é que *depois* de ter realizado esses gestos você poderá *começar* a viver a amizade; todos esses pequenos gestos de afabilidade *já são em si mesmos* um começo de amizade.

No entanto, podemos ir além. Esses gestos simples não são, por assim dizer, preliminares à evangelização. Mesmo se você não alcançar um relacionamento pessoal de amizade, nem fizer alguma referência ao Evangelho, a atitude cordial e amável, como diz São Josemaria Escrivá:

> Leva ao apostolado. Com efeito, quando se procura viver assim em meio do trabalho diário, a conduta cristã se transforma em bom exemplo, em testemunho, em ajuda concreta e eficaz; aprende-se a seguir as pegadas de Cristo, que *coepit facere et docere* (At 1, 1),

que começou a fazer e a ensinar, unindo ao exemplo a palavra[18].

Vejamos o exemplo de uma mãe de família que todas as manhãs compra o jornal na mesma banca, sempre apressada. Certo dia, percebe que tem apenas uma nota de cinquenta reais e, um pouco envergonhada, apresenta-a ao jornaleiro pedindo desculpas... «Ah, mas para a senhora não há problema! Se todos os clientes comprassem o jornal como a senhora faz a cada manhã...». A surpresa da senhora é óbvia: o jornaleiro sempre se sentiu tratado com uma simpatia involuntária, e por isso é natural que corresponda com generosidade e cortesia. Uma série de gestos cordiais tornaram-se a base de uma amizade.

No entanto, embora sejam amáveis e sinceros, os gestos são tão somente um primeiro passo para transformar em amizade o que é mero encontro. Para nos abrirmos aos outros e introduzi-los, pelo menos um pouco, em nosso mundo interior, as palavras se fazem necessárias. Esse é o segundo passo que propomos.

Embora todos estejamos habituados a compartilhar pensamentos e emoções por meio das várias redes sociais, entendemos que é mais difícil fazer isso em voz alta e cara a cara, isto é, pessoalmente. Nós confiamos na audiência indeterminada dos próprios amigos na rede, mas experimentamos uma espécie de timidez diante da possibilidade de contar algo a um amigo, ainda que se trate de um fato corriqueiro que me aconteceu nesta manhã.

---

(18) Josemaria Escrivá, *Entrevistas com Mons. Josemaria Escrivá*, 4ª ed., Quadrante, São Paulo, 2016, n. 62.

Vários motivos impedem essa abertura aos outros, a começar por um dogma moderno que nos deixa sempre com medo de ser intrusivos, de violar de alguma forma a fronteira da privacidade alheia. Esse medo, contudo, que tem lá seu próprio significado, muitas vezes nos leva a sermos indiferentes aos outros. São João Paulo II o compreendeu:

> Uma boa palavra diz-se rapidamente; não obstante, muitas vezes torna-se-nos difícil pronunciá-la. Detém-nos o cansaço, distraem-nos as preocupações, paralisa-nos um sentimento de frieza ou de egoística indiferença. Assim, acontece que passamos ao lado de pessoas que conhecemos sem lhes olhar para o rosto e sem nos darmos conta de que muitas vezes elas estão a sofrer aquela sutil, desgastante pena devida a sentirem-se ignoradas. Bastaria uma palavra cordial, um gesto afetuoso, e logo alguma coisa despertaria nelas: um sinal de atenção e de cortesia pode ser um sopro de ar fresco no íntimo de uma existência oprimida pela tristeza e pelo desalento[19].

Essa «palavra cordial» de que São João Paulo II fala consiste, por exemplo, em contar a um colega de trabalho, talvez durante um café, algum episódio de sua família (não necessariamente um problema sério). Fazendo isso, percebemos de imediato que o relacionamento se torna mais pessoal. Contar algo sobre si mesmo é um gesto de confiança, de estima, de afeto.

---

(19) São João Paulo II, Homilia na Santa Missa para os doentes e peregrinos da UNITALSI, 11 de fevereiro de 1981.

Esse segundo passo é necessário para falar «de pessoa a pessoa» sobre algo mais íntimo, como o Papa Francisco sugere. É preciso que haja um diálogo sempre respeitoso e gentil:

> No qual a outra pessoa se exprime e partilha as suas alegrias, as suas esperanças, as preocupações com os seus entes queridos e muitas coisas que enchem o coração. Só depois desta conversa é que se pode apresentar-lhe a Palavra, seja pela leitura de algum versículo ou de modo narrativo, mas sempre recordando o anúncio fundamental: o amor pessoal de Deus que se fez homem, entregou-se a Si mesmo por nós e, vivo, oferece a Sua salvação e a Sua amizade[20].

Assim, chegamos ao terceiro passo, que consiste em falar explicitamente de Deus. Nesse ponto, é essencial evitar certo mal-entendido.

Nosso objetivo não é convencer ninguém a pensar ou fazer algo, ainda mais porque nós, como dissemos, frequentemente não nos sentimos convencidos. Com efeito, não se trata tanto de convencer, mas de compartilhar, de falar sobre a própria vida e experiência. Não se sentir convicto, ter dúvidas e considerar-se pouco exemplar não é obstáculo. Em certo sentido, pode-se dizer que o que acontece é precisamente o contrário: nossa inadequação e nossa morosidade são algo que nos aproxima e nos torna mais dignos de crédito. É a autenticidade que convence, e não a apresentação de um modelo teórico e idealiza-

---

(20) Papa Francisco, Encíclica *Evangelii gaudium*, n. 128.

do. Todavia, esse compartilhamento não pode se limitar a alguns «valores» mais ou menos espirituais. Trata-se de expressar explicitamente o *meu* encontro pessoal com Jesus Cristo, como pede São Josemaria Escrivá: «O cristão há de manifestar-se autêntico, veraz, sincero em todas as obras. A sua conduta deve deixar transparecer um espírito: o de Cristo»[21].

Hoje, em particular, precisamos de muitos cristãos comuns – profissionais, pais, jovens, idosos, homens e mulheres – que sejam capazes de falar da própria vida mencionando o nome de Jesus Cristo *sem alterar o tom de voz*, que sejam capazes de falar de Jesus como uma pessoa viva, com quem existe um relacionamento real e tangível (é isso, afinal, a vida sacramental), dotado de consequências práticas e bonitas mas, ao mesmo tempo, compatíveis com a realidade dos próprios erros e dos limites impostos pela vida cotidiana.

Em certos contextos, no entanto, há alguma hostilidade nas relações de fé, o que pode nos fazer endurecer por medo de ser atacados. A reação é compreensível, mas na realidade a experiência prova que o sorriso é uma resposta efetiva mesmo diante da agressão. Não se trata, com efeito, de uma cordialidade ingênua e fraca, mas de:

> Uma caridade alegre, doce e rija, humana e sobrenatural; caridade afetuosa, que saiba acolher a todos com um sincero sorriso habitual; que saiba compreender as ideias e os sentimentos dos outros[22].

---

(21) Josemaria Escrivá, *Amigos de Deus*, n. 141.
(22) Josemaria Escrivá, *Forja*, 4ª ed., Quadrante, São Paulo, 2016, n. 282.

Compreender as ideias não significa necessariamente compartilhá-las e estar de acordo. Para entender é preciso vontade firme de conhecer aquilo que temos diante de nós. Além disso, se você quer entender também os sentimentos dos outros, torna-se de fato necessária uma aproximação aberta e amigável.

Resumindo, as etapas são três. Primeiro, ter atitudes tangíveis de cordialidade: cumprimentar, sorrir, ouvir com atenção, lembrar-se de uma data ou de algo que é caro à outra pessoa, fazer um gesto, mesmo pequeno, de cortesia ou ajuda.

Em segundo lugar, aprender a partilhar, na vida cotidiana, algo simples e pessoal como sinal de confiança, descobrindo que fazer uma confidência é manifestar certo grau de afeto – é, em última análise, um ato de caridade. Trata-se de um afeto solto e sincero, que manifestamos ao tomar um café no final de um encontro ou ao esperar o ônibus com um colega.

Por fim, compartilhar algo do próprio encontro pessoal com Deus – não um discurso teórico e ideal, mas um aspecto concreto, experimentado em primeira pessoa.

Uma sugestão prática é tentar realizar os três passos sobretudo onde você se encontra com mais frequência, isto é, na família e no trabalho, com pessoas que vemos todos os dias, sem precisar sair para procurar alhures.

Se pensarmos bem, estes são substancialmente os passos dados por Jesus na tarde da Ressurreição, quando Ele se põe ao lado dos dois discípulos de Emaús, que haviam deixado Jerusalém tomados de um desencanto completo. Retornemos ao episódio, já mencionado nestas páginas, a partir de outro ponto de vista.

O Senhor ressuscitado primeiro caminha ao lado dos dois discípulos. Então mostra-se interessado e faz uma pergunta que poderia ser considerada mera cortesia: *De que estais falando pelo caminho?* (Lc 24, 17). Em seguida ouve-os, deixando-se envolver sem qualquer sinal de indiferença e sem se impor, dando espaço para os dois interlocutores. Finalmente, conta algo pessoal: *explicava-lhes o que dEle se achava dito em todas as Escrituras* (Lc 24, 27), e se abre tanto para introduzi-los na intimidade de Sua amizade – *Então entrou com eles* (Lc 24, 29) – quanto para compartilhar Sua história, Sua própria vida. Só aí *Ele tomou o pão, abençoou-o, partiu-o e serviu-lho* (Lc 24, 30), manifestando-se como o Senhor ressuscitado e vivo. Este é o exemplo mais emblemático de «evangelização», aqui praticada por meio de um encontro fortuito em uma estrada normal, de uma amizade que nasce por se ter caminhado junto da escuta pessoal alimentada por um interesse sincero, pela partilha e pela confiança.

Capítulo VIII
A fórmula do bom humor

No início destas reflexões, citamos uma frase estampada em um muro durante os anos de protesto: «Chega de ações. Queremos palavras!».

Parece claro que não basta deixar implícitos e subentendidos os sentimentos de estima e simpatia pelos familiares, amigos e todas aquelas pessoas com quem nos encontramos. A experiência diária revela que não é suficiente «provar com ações» o quanto estimo uma pessoa. Trabalho de manhã até a noite para trazer para casa meu salário, pago os estudos de um filho ou o cuidador de um pai idoso, estou sempre disponível *com atitudes* quando um colega me pede algo...

É claro que falar *por meio de ações* é essencial. Falar muito *sem ações* concretas demonstra, de alguma forma, que aquilo que se fala é falso e irritante. O problema é que se expressar *apenas com ações* não é suficiente. Devemos conversar. É necessário manifestar com palavras compreensíveis o que sentimos. A afeição, a simpatia e a abertura da mente, se não forem visíveis e não vierem a ser percebidas, parecerão não existir.

Certo episódio ocorrido em um hospital público de uma grande cidade talvez resuma boa parte do que estou tentando expressar aqui.

Um paciente idoso está hospitalizado há vários dias, e sua situação é séria. O hospital é muito grande, distribuído em vários edifícios que são, por sua vez, separados por ruas. O paciente deve ser deslocado de um pavilhão a outro a fim de ser submetido a uma pequena operação paliativa, o que torna o momento ainda mais irritante e delicado.

Chegam dois padioleiros, vestidos com cores chamativas. São robustos, têm o cabelo muito curto, cerca de quarenta anos, e um deles usa brinco. Entrando no quarto, cumprimentam o paciente com um tom não muito alto, o que, naquele hospital, não é tão comum. Até mesmo para avaliar a complexidade da operação de transporte, perguntam-lhe como está e se sente alguma dor. Ajudam então os familiares a recolherem os itens pessoais e colocá-los debaixo da maca. Uma vez que está um pouco frio, depois de tê-lo colocado na maca eles cobrem o doente com uma manta impermeável, mantendo-o assim ao longo do caminho que vai do quarto para a ambulância.

Percebe-se que os dois padioleiros conhecem seu ofício e estão muito ocupados: falam sobre outro transporte que terão de fazer em breve e das dificuldades de entender exatamente onde é melhor estacionar o veículo. Parecem estar com pressa. Para descer no térreo, colocam o paciente em um elevador grande, tendo o cuidado de não bater as portas. A família do paciente os segue sem saber o que dizer.

O idoso está visivelmente desconfortável – não por alguma dor particular, mas por esse sentimento de impotência desorientada que toda pessoa, mesmo acompanhada, sente em um hospital. Diante disso, um dos dois padioleiros, o de brinco, põe suavemente a mão no ombro do idoso deitado e preso à maca e, com um tom de voz inesperadamente doce e uma inflexão vagamente dialetal, pergunta: «Como o senhor está? Tudo bem?».

Essas podem parecer palavras ineficazes, e talvez inúteis, em situações de vida ou morte, quando se enfrenta a ansiedade de um momento de incerteza. «Sem essa! É preciso muito mais!», poderíamos pensar. Para mim, no entanto, essas palavras foram de muita serventia quando acompanhei meu pai no elevador da Policlínica de Milão, em uma manhã de abril. Os padioleiros não podiam fazer muita coisa, mas o que estava ao seu alcance, isto é, colocar um pouco do próprio coração ao transportar um paciente, eles o fizeram voluntariamente e com naturalidade. Em vez de se limitar a não ser intrusivo e respeitar a privacidade de meu pai, eles o trataram com carinho e, assim, consolaram ele e sua família. Um conforto mínimo, pode-se dizer, mas muitas vezes os gestos mínimos fazem a diferença.

* * *

Billy olhou para Boyd.
– Posso perguntar uma coisa?
– Pergunta.
– Até quando você vai continuar emburrado?
– Até que o bom humor volte.

O diálogo entre os dois irmãos adolescentes que protagonizam *A travessia*, de Cormac McCarthy, expressa uma expectativa que às vezes todos temos: estamos entristecidos e esperamos que, mais cedo ou mais tarde, o mau humor vá embora e o sorriso volte. No entanto, esperar que o bom humor retorne sozinho é pouco prático e certamente demorado.

Há um atalho que precisamos descobrir urgentemente, um truque que pode tornar nossos dias mais confortáveis. O ponto de partida é a certeza de que Deus, quando olha para cada um de nós, sorri. Ele sorri porque nos olha com carinho, porque somos para Ele simpáticos. Partindo desse sorriso fundamental, todos podem aprender a redimensionar a si mesmos e seus próprios defeitos sem dramatizá-los, sem levá-los muito a sério.

Essa leveza saudável com relação a nós mesmos torna nossa atitude agradável e sorridente mesmo na relação com os outros, sejam eles desconhecidos, sejam gente que encontramos regularmente.

Esta é uma descoberta que está ao alcance de qualquer um. Não requer cursos e técnicas complicadas. A fórmula é simples; exige apenas um pouco de compromisso prático: acolher o sorriso de Deus, sorrir para si mesmo e sorrir para os outros.

Eis a fórmula do bom humor.

Capítulo IX
Exercícios de afabilidade

Propomos, neste ponto, alguns exercícios práticos.

Em primeiro lugar, é útil tentar medir seu nível de afabilidade por meio de uma espécie de autoavaliação. Trata-se de observar seu comportamento por um dia, prestando atenção a cada um dos pontos indicados a seguir (cumprimento, sorriso etc.). Os mais corajosos podem pedir auxílio a uma pessoa confiável. Este é um dos casos nos quais a amizade, o senso de humor e a autoironia são de grande ajuda – são até mesmo necessários.

Se eu não conseguir pensar em dados significativos a respeito de meu nível de afabilidade, o mais provável é que exista aí um problema inconsciente. Nesse caso, a autoavaliação torna-se ainda mais necessária.

Feita essa avaliação de si mesmo, pode-se identificar os exercícios práticos de afabilidade propriamente ditos. O objetivo é que todos se concentrem nos aspectos a que devem direcionar o treinamento – exatamente como na academia, quando se deseja corrigir um defeito ou aprimorar determinada habilidade em uma modalidade esportiva.

Sorriso e cumprimento

É aconselhável se propor a sorrir em alguns momentos:
- Em família: quando encontramos um membro da família pela primeira vez no dia; quando nos encontramos de novo, ao voltar para casa; quando nos cumprimentamos ao fim do dia...
- Ao encontrar alguém em um corredor no local de trabalho.
- Ao conhecer uma pessoa por acaso.
- Quando alguém faz uma piadinha (não é necessário gargalhar, mas apenas demonstrar alguma reação amigável à tentativa de rir e fazer as pessoas rirem).

Não se deve esquecer que todos têm uma maneira própria de rir e sorrir. É preciso se exercitar para encontrá-la e valorizá-la, aprendendo a sorrir com mais frequência do *meu* modo autêntico e afetuoso.

Embora pareça excêntrico, outro exercício útil é sorrir quando você está sozinho: por exemplo, ao imaginar uma situação engraçada enquanto está a sós no carro, ou ainda quando algo engraçado vem à mente. Rir e sorrir é sempre saudável.

Quanto às saudações, pode ser útil concentrar-se, em primeiro lugar, nas palavras e nos gestos que pretendemos usar.

Palavras. Depois de identificar *exatamente* o que eu

digo para cumprimentar um membro da família nos diversos momentos em que o encontro ao longo do dia (o ideal seria gravar a expressão e ouvi-la novamente, caso não fosse muito extravagante), posso propor-me melhorias. Em seguida, é útil trabalhar no cumprimento a um colega no início e no final do dia, bem como na saudação que damos ao telefone: no início da conversa, ao receber ou fazer uma chamada... Convém, ainda no caso dos telefonemas, prestar atenção aos cumprimentos excessivos ao se despedir, o que parece ser um defeito generalizado. É como se fosse impossível terminar uma ligação.

Gestos. Deve-se praticar o aperto de mãos, evitando cuidadosamente a síndrome da «mão frouxa» e também o aperto excessivamente longo ou forte (sobretudo com pessoas que acabamos de conhecer). Do mesmo modo, convém questionar como respondo à saudação de alguém que me reconhece de longe.

Como os costumes variam de acordo com os lugares, é oportuno perguntar explicitamente se os gestos com os quais costumo cumprimentar estão em sintonia com os gestos daqueles que me rodeiam. Podemos ser exagerados (e dar um tapa nas costas de um estranho) ou muito frios (e não saber o que fazer quando um parente nos abraça): em ambos os casos, trata-se de perceber e treinar ali onde você tem menos experiência.

Outros exemplos de gestos que podem revelar se temos necessidade de exercícios:
- Olhar nos olhos daqueles com quem falo (sem exagerar e fazer-se intrusivo).
- Parar e me virar quando me dirigem a palavra, sem dar a impressão de estar apressado.

- Chamar os outros pelo nome quando for cumprimentá-los (não só os colegas, mas também aqueles com quem lidamos *en passant*, sem nenhum vínculo de amizade real).

A lista é necessariamente incompleta e questionável, mesmo porque cabe a cada um encontrar o próprio modo de se expressar. O importante é ressaltar que, por meio de exercícios, é possível melhorar a capacidade de expressão e comunicação, o que leva a um melhor relacionamento com os outros.

Aprender a discutir em paz

Lembremos que o grande obstáculo à discussão é a briga. Nosso primeiro objetivo, portanto, deve ser descobrir aqueles momentos de «risco de briga»: de manhã, por exemplo, durante o desjejum; quando do retorno para casa ou quando do regresso de um membro da família; o início do dia no escritório... Ao mesmo tempo, é preciso ter em mente que as pessoas com quem convivo ou passo muito tempo também têm seus momentos de «risco de briga». É fundamental, por exemplo, saber qual é o melhor (e o pior) momento do cônjuge, dos pais e de seus superiores ou colaboradores mais próximos.

Depois, é bom treinar duas estratégias: 1) como me controlar quando sinto que estou a ponto de brigar; e 2) como me comportar nas ocasiões em que uma ou mais pessoas ao meu lado parecem ter a intenção de iniciar uma briga.

Uma regra fundamental pode ser resumida da seguinte forma: não brincar com fogo. Quando percebo que estou nervoso, é bom tentar adiar uma discussão, uma reunião, um telefonema. A velha máxima de contar até dez antes de falar permanece efetiva (mas muitas vezes é prudente contar até números mais altos).

Quando, por outro lado, alguém demonstra ter clara intenção de brigar – contradizendo-se continuamente, fazendo provocações por meio de expressões paradoxais, ou mesmo com insinuações ou insultos pessoais –, o autocontrole é decisivo. Nesse caso, o esforço (e, portanto, o aspecto a ser exercitado pessoalmente) pode ter por objetivo interromper a agressão com um tom de voz claro, mas não alterado, que proponha adiar a discussão para outro momento.

Do mesmo modo, em uma discussão o uso de palavrões é sempre perigoso, uma vez que é quase inevitável que o tom vá assim aumentando e surjam coisas desagradáveis, das quais depois nos arrependeremos porque geralmente são deformadas e ampliadas pela paixão. Podemos treinar para usar expressões e palavras que não sejam ofensivas, mas que descrevam a situação em que nos encontramos, sempre com o objetivo de achar uma solução (e não determinar quem está certo). Se não houver solução a ser encontrada, talvez seja inútil discutir.

Uma ocasião específica em que é útil se exercitar são as reuniões. Manter a afabilidade e o bom humor durante uma reunião não é fácil, sobretudo quando são longas e numerosas.

Eis alguns exercícios práticos que podem ajudar:
- Concentrar-se nas formalidades: os cumprimentos iniciais e finais servem para criar um ambiente cor-

dial, e portanto não são formalidades inúteis. Em uma situação particular de tensão, por exemplo com clientes ou colegas problemáticos, é melhor *aumentar* a afabilidade, e não diminuí-la por medo de parecer fraco.
- Dizer a verdade: deve-se ter por meta dizer, com palavras justas, como as coisas realmente são.
- Falar bem daqueles que não estão presentes.
- Não olhar para o telefone e não atender a telefonemas. Aqui, a única solução parece ser esforçar-se para não olhar o telefone e para manter as notificações desligadas. Quando se trabalha *online* durante a reunião, é mister ter a capacidade de não se distrair com qualquer mensagem que chegue. É aconselhável limitar drasticamente, se possível, o uso da internet: para prestar atenção em alguém presente é necessário não estar disponível (pelo menos por certo período de tempo) aos outros ausentes.
- Atentar-se para a linguagem não verbal ao escutar outra pessoa falar, corrigindo quaisquer gestos desagradáveis. Eis alguns exemplos de gestos desagradáveis: ouvir de braços cruzados, ouvir sem olhar para o rosto do falante, balançar a cabeça em sinal de negação antes que o outro termine de falar...
- Repetir com suas próprias palavras, quando fica claro que posições opostas estão sendo defendidas, o ponto de vista da outra pessoa, a fim de manifestar interesse verdadeiro em compreendê-la bem.
- Sentar-se de maneira adequada à mesa de reunião.

- Tomar nota do que me perguntam de importante ou do que digo que farei.
- Manter em ordem as notas e os papéis que trago comigo na reunião.

Exercício para os mais valentes

Para garantir que você será capaz de dizer algo em voz alta na presença de outras pessoas, é melhor treinar para repetir, de forma clara e sem qualquer outro comentário, a seguinte frase: «Eu errei».

Comunicação escrita

Cultiva-se a afabilidade escrita sobretudo quando se relê, sempre com calma, uma mensagem antes de enviá-la, por mais breve que seja. Lembre-se de que um erro de digitação sempre dá a impressão de que a mensagem não tem importância, dada que foi enviada com pressa.

Quando a mensagem é longa e o tema é complexo, depois de uma leitura cuidadosa é sempre prudente deixar a mensagem *de lado* por um tempo (uma hora, meio dia, um dia) e depois relê-la com calma e a mente fresca, questionando objetivamente se está inteligível e pode ser abreviada. A regra é: se um texto apresentar um discurso muito complexo, provavelmente será melhor dividi-lo em vários temas, simplificando-o e encurtando-o. Enviar várias páginas muitas vezes soa como falta de bom senso, pois nesse caso se pretende que o destinatário dedique muito tempo a algo meu, o que muitas vezes é uma atitude um tanto pretensiosa.

Não se pode jamais utilizar palavrões em um texto escrito que não seja obviamente uma brincadeira; Deve-se imaginar que efeito o texto teria caso publicado. Se o palavrão disser respeito a uma pessoa, é preciso levar em consideração que ela provavelmente terá conhecimento do texto. Se o escrito, por sua vez, é uma brincadeira, o critério relativo ao sofrimento é pessoal e variável, dependendo da relação entre o remetente e o destinatário.

Aqui estão algumas regras para a comunicação escrita transmitidas aos seus funcionários por David M. Ogilvy, fundador da empresa de comunicação Ogilvy & Mather. A lista vinha precedida por uma declaração peremptória: «Pessoas de pensamento confuso escrevem memorandos confusos, cartas confusas e discursos confusos. Escrever bem não é um dom natural. É preciso *aprender* a escrever bem». Seria interessante estudar a aplicação dessas regras à comunicação truncada e imediata que caracteriza as redes sociais, mas isso exigiria um aprofundamento específico.

Eis parte da lista:
- Escreva como você fala. Com naturalidade.
- Use palavras curtas, frases curtas e parágrafos curtos.
- Nunca use jargões como *reconceituação*, *desmassificação*, *atitudinalmente*. Eles são típicos de gente presunçosa.
- Nunca escreva mais de duas páginas sobre qualquer assunto.
- Nunca mande uma carta ou um memorando no mesmo dia em que você o escreveu. Releia-o em voz alta pela manhã e o corrija.
- Verifique as citações.

- Caso se trate de algo importante, peça a um colega para ajudá-lo.
- Antes de enviar sua carta ou seu memorando, certifique-se de que esteja claro o que você deseja do destinatário.
- Se quiser AÇÃO, *não escreva*. Vá dizer ao interessado o que você quer.

Capítulo X
Antologia de textos sobre o bom humor

1) A afabilidade

Papa Francisco, *Amoris laetitia*, nn. 99-100.

Amar é também tornar-se amável, e nisto está o sentido do termo *asjemonéi*. Significa que o amor não age rudemente, não atua de forma inconveniente, não se mostra duro no trato. Os seus modos, as suas palavras, os seus gestos são agradáveis; não são ásperos nem rígidos. Detesta fazer sofrer os outros. A cortesia «é uma escola de sensibilidade e altruísmo», que exige que a pessoa «cultive a sua mente e os seus sentidos, aprenda a ouvir, a falar e, em certos momentos, a calar»[23]. Ser amável não é um estilo que

---

(23) Octavio Paz, *La llama doble*, Seix Barral, Barcelona, 1993. pág. 35.

o cristão possa escolher ou rejeitar: faz parte das exigências irrenunciáveis do amor, por isso «todo o ser humano está obrigado a ser afável com aqueles que o rodeiam»[24]. Diariamente «entrar na vida do outro, mesmo quando faz parte da nossa existência, exige a delicadeza duma atitude não invasiva, que renova a confiança e o respeito. [...] E quanto mais íntimo e profundo for o amor, tanto mais exigirá o respeito pela liberdade e a capacidade de esperar que o outro abra a porta do seu coração»[25].

A fim de se predispor para um verdadeiro encontro com o outro, requer-se um olhar amável pousado nele. Isto não é possível quando reina um pessimismo que põe em evidência os defeitos e erros alheios, talvez para compensar os próprios complexos. Um olhar amável faz com que nos detenhamos menos nos limites do outro, podendo assim tolerá-lo e unirmo-nos num projeto comum, apesar de sermos diferentes. O amor amável gera vínculos, cultiva laços, cria novas redes de integração, constrói um tecido social firme. Deste modo, uma pessoa protege-se a si mesma, pois, sem sentido de pertença, não se pode sustentar uma entrega aos outros, acabando cada um por buscar apenas as próprias conveniências, e a convivência torna-se impossível. Uma pessoa antissocial julga que os outros existem para satisfazer as suas necessidades, e, quando o fazem, cumprem apenas o seu dever. Neste caso, não haveria espaço para a amabilidade do amor

---

(24) São Tomás de Aquino, *Suma teológica*, II-II, q. 114, art. 2, ad 1.
(25) Papa Francisco, Catequese de 13 de maio de 2015.

e a sua linguagem. A pessoa que ama é capaz de dizer palavras de incentivo, que reconfortam, fortalecem, consolam, estimulam. Vejamos, por exemplo, algumas palavras que Jesus dizia às pessoas: *Filho, tem confiança!* (Mt 9, 2). *Grande é a tua fé!* (Mt 15, 28). *Levanta-te!* (Mc 5, 41). *Vai em paz* (Lc 7, 50). *Não temais!* (Mt 14, 27). Não são palavras que humilham, angustiam, irritam, desprezam. Na família, é preciso aprender esta linguagem amável de Jesus.

2) O sorriso diário

«O santo do sorriso cotidiano» é a definição de São Josemaria Escrivá dada pelo cardeal Albino Luciani pouco antes de se tornar o Papa João Paulo I. A seguir, publicamos três textos de São Josemaria, indicando as fontes no início.

JOSEMARIA ESCRIVÁ, *Amigos de Deus*, nn. 172-174.

Lede a Escritura Santa. Meditai uma a uma as cenas da vida do Senhor, os seus ensinamentos. Considerai especialmente os conselhos e as advertências com que Ele preparava aquele punhado de homens para serem seus Apóstolos, seus mensageiros, de um ao outro extremo da terra. Qual é a pauta principal que lhes marca? Não é o preceito novo da caridade? Foi pelo amor que eles abriram caminho naquele mundo pagão e corrompido.

Convencei-vos de que só com a justiça não resolvereis nunca os grandes problemas da humanidade. Quando se faz justiça a seco, não vos admireis de que a gente se sinta magoada: pede muito mais a dignidade do homem, que é filho de Deus. A caridade tem que ir dentro e ao lado, porque tudo dulcifica, tudo deifica: *Deus é amor* (1 Jo 4, 16). Temos de agir sempre por Amor de Deus, porque torna mais fácil querer bem ao próximo e porque purifica e eleva os amores terrenos.

Para chegarmos da justiça estrita à abundância de caridade, temos todo um trajeto a percorrer. E não são muitos os que perseveram até o fim. Alguns se conformam com aproximar-se dos umbrais: prescindem da justiça e limitam-se a um pouco de beneficência, que qualificam como caridade, sem perceber que isso é apenas uma parte pequena do que estão obrigados a fazer. E mostram-se muito satisfeitos de si mesmos, como o fariseu que pensava ter preenchido a medida da lei porque jejuava dois dias por semana e pagava o dízimo de tudo o que possuía.

A caridade – que é como um generoso exorbitar-se da justiça – exige primeiro o cumprimento do dever. Começa-se pelo que é justo, continua-se pelo que é mais equitativo... Mas, para amar, requer-se muita finura, muita delicadeza, muito respeito, muita afabilidade; numa palavra, é preciso seguir o conselho do Apóstolo: *Levai uns as cargas dos outros, e assim cumprireis a lei de Cristo* (Gl 6, 2). Então, sim, já se vive plenamente a caridade, já se realiza o preceito de Jesus.

Para mim, não existe exemplo mais claro dessa

união prática entre a justiça e a caridade que o comportamento das mães. Amam com o mesmo carinho todos os seus filhos, e precisamente esse amor as leva a tratá-los de modo diferente – com uma justiça *desigual* –, já que cada um é diferente dos outros. Pois bem, também com os nossos semelhantes a caridade aperfeiçoa e completa a justiça, porque nos move a conduzir-nos de maneira desigual com os desiguais, adaptando-nos às suas circunstâncias concretas, para comunicar alegria a quem está triste, ciência a quem não possui formação, afeto a quem se sente só... A justiça determina que se dê a cada um o que é seu, o que não significa dar a todos o mesmo. O igualitarismo utópico é fonte das maiores injustiças.

Para agirmos sempre assim – como essas mães boas –, precisamos esquecer-nos de nós mesmos, não aspirar a nenhum espírito de senhorio que não o de servir os outros, como Jesus Cristo, que pregava: *O Filho do homem não veio para ser servido, mas para servir* (Mt 20, 28). Isto requer a inteireza de submeter a vontade própria ao modelo divino, de trabalhar por todos, de lutar pela felicidade eterna e pelo bem-estar dos outros. Não conheço melhor caminho para sermos justos que o de uma vida de entrega e de serviço.

Talvez se possa pensar que sou um ingênuo. Não me importo. Mesmo que me qualifiquem desse modo, por ainda acreditar na caridade, assevero-vos que acreditarei sempre! E enquanto o Senhor me conceder vida, continuarei a ocupar-me – como sacerdote de Cristo – de que haja unidade e paz entre aqueles que, por serem filhos do mesmo Pai-Deus, são irmãos; de que os homens se compreendam; de que todos partilhem do mesmo ideal: o da Fé!

Acudamos a Santa Maria, a Virgem prudente e fiel, e a São José, seu esposo, modelo acabado de homem justo. Eles viveram na presença de Jesus, do Filho de Deus, as virtudes que contemplamos, e por isso nos alcançarão a graça de que elas arraiguem firmemente na nossa alma, para que nos decidamos a comportar--nos em todos os momentos como discípulos bons do Mestre: prudentes, justos, cheios de caridade.

JOSEMARIA ESCRIVÁ, *Amigos de Deus*, nn. 152-153.

Não vos escondo que, ao longo destes anos, alguns se aproximaram de mim e, compungidos de dor, me disseram: «Padre, não sei o que tenho, sinto-me cansado e frio; a minha piedade, antes tão segura e chã, parece-me uma comédia... ». Pois bem, aos que passam por essa situação, e a todos vós, respondo: Uma comédia? Grande coisa! O Senhor está brincando conosco como um pai com seus filhos.

Lê-se na Escritura: *ludens in orbe terrarum* (Pr 8, 31); Ele brinca em toda a redondeza da terra. Mas Deus não nos abandona, porque acrescenta imediatamente: *Deliciae meae esse cum filiis hominum* (Pr 8, 31), as minhas delícias são estar com os filhos dos homens. O Senhor brinca conosco! E quando nos passar pela cabeça que estamos interpretando uma comédia, porque nos sentimos gelados, apáticos; quando estivermos aborrecidos e sem vontade; quando se nos tornar árduo cumprir o dever e alcançar as metas espirituais que nos propusemos, terá soado a hora de pensar que Deus brinca conosco e espera que saibamos representar a nossa *comédia* com galhardia.

Não me importo de vos contar que, em algumas ocasiões, o Senhor me concedeu muitas graças; mas habitualmente ando a contragosto. Sigo o meu plano não porque me agrade, mas porque devo cumpri-lo, por Amor. Mas, Padre, pode-se interpretar uma comédia com Deus? Isso não é uma hipocrisia? Fica tranquilo: chegou para ti o instante de participar numa comédia humana com um espectador divino. Persevera, que o Pai, e o Filho, e o Espírito Santo contemplam a tua comédia; realiza tudo por amor a Deus, para agradar-lhe, ainda que te custe.

Que bonito é ser jogral de Deus! Que belo recitar essa comédia por Amor, com sacrifício, sem nenhuma satisfação pessoal, para agradar ao nosso Pai-Deus, que brinca conosco! Encara o Senhor e confia-lhe: Não tenho vontade nenhuma de me ocupar nisto, mas vou oferecê-lo por ti. E ocupa-te de verdade nesse trabalho, ainda que penses que é uma comédia. Bendita comédia! Eu te garanto: não se trata de hipocrisia, porque os hipócritas precisam de público para as suas pantomimas. Pelo contrário, os espectadores dessa nossa comédia – deixa-me que to repita – são o Pai, o Filho e o Espírito Santo; a Virgem Santíssima e todos os Anjos e Santos do Céu. A nossa vida interior não encerra outro espetáculo a não ser esse: é Cristo que passa *quasi in oculto* (cf. Jo 7, 10), como em segredo.

Iubilate Deo. Exsultate Deo adiutori nostro (Sl 80, 2), louvai a Deus, saltai de alegria no Senhor, que é a nossa única ajuda. Jesus, quem não O compreende não sabe nada de amores, nem de pecados, nem de misérias! Eu sou um pobre homem, e entendo de pecados, de amores e de misérias. Sabeis o que é estar erguido até o coração de Deus? Compreendeis que uma alma possa encarar o Senhor, abrir-lhe o coração e contar-lhe as suas queixas? Eu me queixo, por exemplo, quando Ele leva para junto de si gente de pouca idade, que ainda poderia servi-lO e amá-lO por muitos anos na terra; porque não O compreendo. Mas são gemidos de confiança, pois sei que, se me afastasse dos braços de Deus, daria um tropeção imediatamente. Por isso, logo a seguir, devagar, enquanto aceito os desígnios do Céu, acrescento: Faça-se, cumpra-se, seja louvada e eternamente glorificada a justíssima e amabilíssima Vontade de Deus, sobre todas as coisas. Amém. Amém.

Este é o modo de proceder que o Evangelho nos ensina, o ardil mais santo e a fonte de eficácia para o trabalho apostólico; e este é o manancial do nosso amor e da nossa paz de filhos de Deus, e a senda pela qual podemos transmitir carinho e serenidade aos homens. E só por isto conseguiremos acabar os nossos dias no Amor, tendo santificado o nosso trabalho, procurando nele a felicidade escondida das coisas de Deus. Comportar-nos-emos com a santa desvergonha das crianças e repeliremos a vergonha – a hipocrisia – dos mais velhos, que têm medo de voltar para seu Pai quando passam pelo fracasso de uma queda.

Termino com a saudação do Senhor, que o Santo Evangelho nos refere hoje: *Pax vobis! A paz esteja con-*

vosco... E os discípulos encheram-se de alegria ao verem o Senhor (Jo 20, 19-20), esse Senhor que nos acompanha até o Pai.

São Josemaria Escrivá, do artigo «As riquezas da fé», em *ABC*, 2 de novembro de 1969.

A liberdade cristã nasce do interior, do coração, da fé. Porém não é algo meramente individual, pois tem manifestações exteriores. Dentre elas, uma das mais características na vida dos primeiros cristãos foi a fraternidade. A fé – a magnitude do dom do amor a Deus – fez com que diminuíssem até desaparecer todas as diferenças, todas as barreiras: *já não há judeu, nem grego; nem escravo, nem livre; nem homem, nem mulher: pois todos vós sois um em Cristo (Gal 3, 28)*. Esse saber-se e amar-se, de fato, como irmãos, por cima das diferenças de raça, de condição social, de cultura, de ideologia, é essencial ao cristianismo. [...]

Não há dogmas nas coisas temporais. Não está de acordo com a dignidade dos homens o intento de fixar verdades absolutas em questões sobre as quais, necessariamente, cada um tem de contemplar as coisas do seu ponto de vista, segundo os seus interesses particulares, as suas preferências culturais e a sua própria experiência peculiar. Pretender impor dogmas no âmbito temporal conduz, inevitavelmente, a forçar as consciências das pessoas, a não respeitar o próximo.

Não quero dizer com isso que a postura do cristão, perante os assuntos temporais, deva ser indiferente ou apática. De modo algum. No entanto, penso que um cristão tem de tornar compatível a paixão humana pelo progresso cívico e social com a consciência da limitação das suas próprias opiniões, respeitando, por conseguinte, as opiniões dos demais e amando o legítimo pluralismo. Quem não saiba viver assim não chegou ao fundo da mensagem cristã. Não é fácil chegar, e, de certo modo, não se chega nunca, porque a tendência para o egoísmo e a soberba jamais morre em nós. Por isso, todos estamos obrigados a fazer um exame constante, confrontando as nossas ações com Cristo, para nos reconhecermos pecadores e recomeçar de novo. Não é fácil chegar, mas temos de esforçar-nos.

Deus, ao criar-nos, correu o risco e a aventura da nossa liberdade. Quis uma história que fosse uma história verdadeira, feita de autênticas decisões, e não uma ficção nem um jogo. Cada homem deve cultivar a experiência de sua autonomia pessoal, com tudo o que isso supõe de acaso, de tentativa e, em algumas ocasiões, de incerteza. Não esqueçamos que Deus, que nos dá a segurança da fé, não nos revelou o sentido de todos os acontecimentos humanos. Juntamente com as coisas que, para o cristão, são totalmente claras e certas, há outras – muitíssimas – em que só cabe uma opinião: isto é, um certo conhecimento do que pode ser verdadeiro e oportuno, mas que não pode ser afirmado de um modo incontrovertível. Porque não só é possível que eu me engane como, mesmo tendo eu razão, é possível que os demais também a tenham. Um objeto que parece côncavo a alguém parecerá convexo aos que estiverem situados numa perspectiva diferente.

A consciência da limitação dos juízos humanos leva-nos a reconhecer a liberdade como condição da convivência. Mas isso não é tudo e, inclusive, não é o mais importante: a raiz do respeito à liberdade está no amor. Se outras pessoas pensam de maneira diferente de mim, será isso uma razão para considerá-las inimigas? A única razão pode ser o egoísmo ou a limitação intelectual daqueles que pensam que não há outro valor além da política e dos empreendimentos temporais. Mas um cristão sabe que não é assim, porque cada pessoa tem um preço infinito, e um destino eterno em Deus: Jesus Cristo morreu por cada uma delas.

Somos cristãos quando somos capazes de amar não só a Humanidade em abstrato, mas cada pessoa que passa perto de nós. Uma manifestação de maturidade humana é sentir a responsabilidade por essas tarefas das quais vemos depender o bem-estar das gerações futuras, porém isso não nos pode conduzir a descuidar da entrega e do serviço nos assuntos mais corriqueiros: ter um detalhe amável com aqueles que trabalham ao nosso lado, viver uma verdadeira amizade com os nossos companheiros, compadecer-nos de quem padece necessidade, mesmo que a sua miséria nos pareça sem importância em comparação com os grandes ideais que perseguimos.

Falar de liberdade, de amor à liberdade, é propor um ideal difícil: é falar de uma das maiores riquezas da fé. Porque – não nos enganemos – a vida não é um romance cor-de-rosa. A fraternidade cristã não é algo que vem do céu de uma vez por todas, mas uma realidade que deve ser construída em cada dia. E que tem de sê-lo numa vida que conserva toda a sua dureza, com choques de interesses, com tensões e lutas, no contato diário com pessoas que nos parecerão mesquinhas, e com mesquinharias da nossa parte.

Mas se tudo isso nos desanimar, se nos deixarmos vencer pelo nosso egoísmo ou se cairmos na atitude cética de quem encolhe os ombros, será sinal de que temos necessidade de aprofundar na nossa fé, de contemplar mais a Cristo. Porque só nessa escola é que o cristão aprende a conhecer-se e a compreender os demais, a viver de tal maneira que seja Cristo presente nos homens.

3) Nascido para a amizade: retrato de Thomas More

Erasmo de Roterdã, da *Carta a Ulrich von Hutten*, Antuérpia, 23 de julho de 1519.

Corresponde seu semblante ao caráter, exprimindo certa jovialidade afável e amistosa, com um leve ar de zombaria. Em palavras francas: trata-se de rosto que traduz antes graciosidade que gravidade ou solenidade, embora esteja assaz distante da tolice ou da bufonaria. Tem-se a impressão de que seu ombro direito é algo mais alto que o esquerdo, em especial quando caminha. Não se trata, contudo, de traço inato, mas do resultado de um hábito, como sói acontecer com tantos outros traços do gênero. No mais, nada há em seu corpo que desagrade – apenas suas mãos são algo rudes, ou ao menos parecem sê-lo, se comparadas ao resto de sua compleição. Desde a meninice, foi ele sempre negligente com a toalete, não atentando nem mesmo àquelas coisas das quais, segundo Ovídio, deve todo homem se ocupar. O encanto de sua aparência juvenil pode ser vislumbrado até mesmo hoje, a partir daquilo que resta, muito embora eu mesmo o conheça desde quando não gozava de mais de vinte e três anos, pois não passou ainda do quadragésimo. Sua saúde é mais razoável que robusta, mas basta para todo e qualquer trabalho que convenha a um cidadão honrado. Pode-se, ademais, esperar que tenha vida longa, uma vez que seu pai tem já idade avançada, mas repleta de frescor e vigor.

Jamais vi quem fosse menos exigente no alimentar-se. Quando jovem, ao beber dava preferência à água, prática que herdara do pai. No entanto, a fim de não representar um peso para os outros, à mesa costumava dissimular dos convidados esse hábito, tomando, de um vasilhame de estanho, ou cerveja fraca como a água, ou água pura e simples. Quanto ao vinho, sendo costume local que os acompanhantes convidassem uns aos outros a beber do mesmo cálice, ele por vezes se punha a bebericá-lo, a fim de não dar a impressão de abster-se do costume e, também, para habituar-se a ele. Quanto à comida, acostumou-se a preferir carne bovina e carne conservada em salmoura, bem como pão caseiro de longa fermentação, àqueles artigos que em geral se consideram refinados. Não se abstém, contudo, do que lhe pode oferecer algum prazer inocente, ainda que corpóreo: está sempre inclinado a pudins de leite e frutas, e é capaz de saborear profundamente um prato com ovos.

Sua voz não é nem elevada, nem excessivamente baixa, mas de uma tonalidade pungente. Nada há nela de melodioso ou suave; antes, adequa-se à fala, uma vez que não goza ele de nenhum talento natural para o canto, muito embora saiba aproveitar da música em seus vários gêneros. Sua articulação distingue-se maravilhosamente, sendo tão isenta de pressa quanto de qualquer hesitação.

Apraz-lhe vestir-se com simplicidade, e não se reveste de seda, púrpura ou correntes de ouro, exceto quando não lhe é permitido prescindir delas. Pouquíssima importância dá a formalidades assim, as quais, para a gente comum, constituem a prova da polidez; e, uma vez que não exige solenidades tais dos outros, também não é escrupuloso quanto a cumpri-las ele mesmo, seja na companhia de outrem, seja em momentos de recreação, não obstante saiba bem como empregá-las caso as julgue convenientes. Segundo crê, é efeminado e indigno de um varão perder tempo com mesquinharias assim.

Outrora, não apresentava qualquer inclinação à vida na corte e a intimidades com príncipes, nutrindo ódio especialíssimo pela tirania e grande apreço pela igualdade [...].

Tem-se a impressão de que nasceu e foi feito para a amizade, da qual é o devoto mais sincero e perseverante. Tampouco receia aquela multiplicidade de amigos que Hesíodo desaprova. Acessível a qualquer oferta de intimidade, está longe de ser exigente na escolha de suas amizades, ao mesmo tempo que é assaz zeloso em nutri-las e leal em guardá-las. Caso se depare com alguém cujas faltas não é capaz de curar, logo encontra ocasião para separar-se, desfazendo os laços da intimidade sem, porém, arrebentá-los. Quando, no entanto, encontrou amigos sinceros, cujo caráter se adequa ao seu, tão contente fica com essa sociedade e suas respectivas conversas, que aparenta ter nelas o maior prazer da vida. Possui absoluta aversão ao tênis, aos dados e às cartas, bem como aos outros jogos com que a horda dos cavalheiros se esquiva do fastio do tempo. Deve-se acrescentar que, embora seja algo negligente com o que lhe diz respeito, não há quem se esforce mais para amenizar as preocupações dos amigos. O que mais se faz necessário dizer? Se alguém deseja exemplo perfeito de verdadeira amizade, é em More que o encontrará.

Em companhia sua, a afabilidade e a doçura extraordinárias são de tal ordem que alegram até o espírito mais apagado e aliviam o peso das mais penosas circunstâncias. Já na meninice, agradavam-lhe tanto as piadas que ter-se-ia a impressão de que a zombaria era o objetivo principal de sua vida; ainda assim, jamais chegou ao ponto da bufonaria e jamais demonstrou qualquer inclinação à amargura. Quando muito jovem, punha-se a escrever farsas e encená-las. Se algo mordaz era dito, ainda que o objeto fosse ele mesmo, ficava assaz encantado, tão grande era o prazer que sentia quando um gracejo trazia o sabor da sutileza ou da genialidade. Tudo isso o levou a divertir-se, quando jovem, com epigramas e a encantar-se com Luciano. Com efeito, foi ele quem me sugeriu escrever o *Elogio da loucura*, o que é o mesmo que colocar um camelo para dançar.

Nada há que possa ocorrer na vida humana de que ele não procure tirar algum prazer, ainda que se trate de matéria grave em si. Quando é preciso lidar com os doutos e inteligentes, apraz-lhe a perspicácia; se com os ignorantes ou tolos, diverte-se com a insensatez. Não se ofende nem mesmo com os bufões, uma vez que se adapta com maravilhosa destreza ao gosto de todos. Ao mesmo tempo, com as moças em geral, e até mesmo com a própria esposa, adota tom bem-humorado e jovial. [...]

Ao casar-se, tomou para si uma jovem de boa estirpe, cujo caráter ainda não se formara e que sempre estivera no campo com seus pais e irmãs, de modo que fosse ele capaz de moldá-la segundo seus costumes. Sob sua direção, ela foi instruída na erudição e em todo gênero musical. Teria logo se tornado uma agradável companheira para a vida inteira se não fosse acometida por uma morte precoce. Deu a ele, porém, muitos filhos – três meninas: Margaret, Alice e Cecily; e um menino: John –, os quais ainda vivem.

More, todavia, não permaneceu solteiro por muito tempo; contrariando o conselho dos amigos, poucos meses depois da morte da esposa tomou por mulher certa viúva, desejando, com isso, satisfazer antes o gerenciamento do lar do que seus gostos, uma vez que não é ela dotada de grande beleza ou juventude – *nec bela admodum nec puella*, como costuma dizer jocosamente –, mas uma dona de casa zelosa, com a qual ele, não obstante, vive em condições tão doces e aprazíveis como se fosse mulher suficientemente jovem e adorável. Não haverá esposo que obtenha, com maestria e severidade, tanta lealdade quanto a que ele obtém com seus elogios e gracejos. De fato, que maior complacência poderia desejar quando levou uma mulher já de idade, e que não goza de caráter dócil por natureza, a aprender como se toca a harpa, a viola, a espineta e a flauta, bem como a dedicar certo tempo para praticá-las? Com semelhante afabilidade ele governa todo o lar, no qual não há nenhum incidente trágico ou rixas. Se porventura divisa algo do gênero, ou o apazigua, ou aplica algum antídoto imediatamente. Ao despedir-se, ademais, de um membro da casa, jamais agiu com espírito hostil ou tratou-o qual inimigo. De fato, sua casa parece gozar de certa felicidade fatal: jamais houve quem morasse ali e não conquistasse maior sorte, tampouco morador cujo caráter ostentasse máculas.

Seria difícil encontrar quem vivesse, com a própria mãe, relação como a que vive com a madrasta. Com efeito, seu pai lhe dera uma madrasta após a outra, e ele nutriu por cada uma o mesmo afeto que nutriria por uma mãe. Há pouco, trouxe o pai uma terceira, e More jura que jamais conheceu outra melhor. Seu afeto pelos pais, filhos e irmãs é tal que ele não os oprime com seu amor, nem lhes deixa faltar sua afável atenção. [...]

Grande dificuldade seria achar, ainda, quem falasse tão bem *ex tempore*, unindo os mais afortunados pensamentos à mais afortunada das linguagens, ao mesmo tempo que possui cabeça capaz de captar tudo o que ocorre e antecipar tudo o que acontece, bem como uma memória assaz disponível, encerrando em si tudo o que cada momento ou ocasião vier a requisitar. Nas disputas, ninguém há de mais arguto, de modo que os teólogos mais eminentes com frequência encontram um igual ao enfrentá-lo em seus respectivos campos. Eis por que John Colet, homem de juízo perspicaz e preciso, costuma dizer, em colóquio familiar, que a Inglaterra possui tão somente um gênio, não obstante abunde a ilha em intelectos de destaque. Por mais aversão que sinta por toda sorte de superstições, More é inflexível na verdadeira piedade, dedicando horas regulares a orações que não são proferidas com desleixo, mas desde o coração. Fala aos amigos da vida futura de tal maneira que se tem certeza de que crê no que diz, e decerto não o faz sem grandes esperanças. Tal é More, mesmo na corte. E ainda há quem acredite que os cristãos só se encontram nos mosteiros!

4) O dom da correção fraterna

GIOVANNI DELLA CASA, *Galateo*, cap. IV (versão modernizada).

Havia em Verona um bispo assaz sábio, versado nas Escrituras e repleto de bom senso, cujo nome era *messere* Giovanni Matteo Giberti e que, entre outros louváveis costumes, mostrava-se muito cortês e generoso com os nobres cavalheiros que o procurava, honrando-se em sua casa e agindo com uma liberalidade menos excessiva do que equilibrada, como convém a um clérigo.

Aconteceu que, passando naquele tempo por lá um nobre homem conhecido como conde Ricciardo, permaneceu ele bastante tempo com o bispo e sua corte, a qual era formada sobretudo por homens sábios e cientistas. E, visto ser aquele gentil cavalheiro dotado de boas maneiras, foi muito louvado e apreciado. Entretanto, mostrava certa falha em seus modos, falha esta que o bispo, homem atento como era, logo notou. Tendo o prelado solicitado o conselho de alguns de seus súditos mais íntimos, concluíram apropriado apontar ao conde seu defeito, evitando, porém, fazê-lo de forma embaraçosa.

Desse modo, no dia anterior ao da partida do conde, chamou o bispo um súdito cauteloso e pediu-lhe que acompanhasse o nobre, a cavalo, por um considerável trecho de estrada; quando julgasse apropriado, deveria expor-lhe tudo quanto haviam conversado. O súdito em questão era já avançado em anos, sábio, agradável e mais falador que a média, além de possuir aparência graciosa e já ter frequentado, durante tempo relevante, as cortes dos grandes senhores (chamava-se, e talvez ainda se chame, *messere* Galateo, e a seu pedido e conselho escrevi este tratado).

Este homem, enquanto cavalgava ao lado do conde, entretinha-o com pensamentos agradáveis, passando de um a outro. Ao notar, então, que deveria regressar a Verona, enquanto o conde o cumprimentava assumiu um semblante alegre e pôs-se a dizer-lhe, com doçura: «O bispo meu senhor rende a Vossa Senhoria infinitas graças pela honra que recebeu de vós, que vos dignastes a entrar e vos hospedar em sua pequena casa. Além disso, a fim de agradecer tamanha cortesia, forçou-me a oferecer-vos um presente de sua parte, e pede ao senhor que o receba com a alma feliz. Ei-lo: vós sois o cavalheiro mais gracioso e elegante que o bispo teve a chance de conhecer. Portanto, tendo observado vossos costumes, um a um, não encontrou hábito que não seja extremamente agradável e louvável, exceto um só, que consiste em certa careta que fazeis à mesa com vossos lábios e boca ao mastigar, o que produz ruído assaz desagradável. Isso vos manda dizer o bispo, que implora que aceiteis a correção afetuosa como um presente precioso. Fá-lo também, ademais, por perceber que ninguém no mundo jamais vos ofertou o mesmo presente».

O conde, que até então nada sabia de seu defeito, sentindo-se repreender, ficou levemente corado, mas logo encorajou-se, como homem de valor que era, e ordenou: «Dizei ao bispo que, se todos os presentes ofertados pelos homens entre si fossem como o seu, seriam muito mais ricos do que são. Por sua cortesia e liberalidade em relação a mim, ademais, eu o agradeço infinitamente. Tranquilizai-o, pois doravante darei a esse meu defeito enorme atenção. Que Deus vos acompanhe».

5) Afabilidade e bom humor

São Francisco de Sales, *Conversa* IV, sobre a cordialidade. As *Conversas* consistem em alguns dos colóquios informais de São Francisco de Sales com os religiosos que o visitavam. Tratando de temas espirituais diversos, o bispo recorria a um tom e uma linguagem que eram adequados a todos.

Respondei-me, porém: o que ser cordial significa? Assemelha-se a dizer que uma amizade tem por base o coração. Ora, devemos saber que o amor tem sua sede no coração e que nunca podemos amar o próximo em demasia, nem mesmo exceder os termos da razão nesse amor, caso de fato resida no coração. Quanto às manifestações desse amor, é possível cometer erros ou excessos, violando as regras da razão. Diz o glorioso São Bernardo que «a medida do amor a Deus é amar sem medida» e que em nosso amor não deve haver fronteiras: antes, devemos deixá-lo estender seus ramos o mais longe possível. Isso que se diz a respeito de Deus também deve ser aplicado ao amor ao próximo, mas entendendo-se que o amor de Deus está sempre acima e ocupa o primeiro lugar [...].

Esse amor cordial deve vir acompanhado de duas virtudes: uma delas se chama afabilidade e a outra, boa conversa (ou bom humor). A afabilidade difunde certa suavidade entre as questões e os colóquios sérios que temos uns com os outros; a boa conversa nos faz graciosos e agradáveis naqueles tempos de recreação e de convivência menos séria que desfrutamos com o próximo.

Todas as virtudes, como já dissemos alhures, possuem dois vícios contrários, que estão nas extremidades das virtudes [...]. A virtude da afabilidade reside no centro, entre os dois vícios, isto é, entre a gravidade e a seriedade excessiva, de um lado, e, de outro, a exagerada tendência a agradar e proferir palavras que conduzem à adulação. Ora, a virtude da afabilidade conserva-se entre o muito e o muito pouco, por vezes acariciando, segundo a necessidade daqueles com quem se trata, por vezes assumindo uma gravidade suave, a depender das pessoas ou dos assuntos em questão. Digo que é necessário valer-se, às vezes, de afagos (e digo-o a sério, sem brincar), como quando se trata de uma menina doente, aflita e um pouco melancólica. Com efeito, faz isso um tremendo bem! Seria verdadeiramente insensato aproximar-se de uma doente com a expressão assaz séria que adotaríamos alhures, tratando-a como se gozasse de saúde boa. Ao mesmo tempo, também não devemos ser demasiado doces nem dizer sempre palavras melífluas, jogando-as a mancheias para a primeira pessoa que se vê; do mesmo modo como colocar demasiado açúcar em uma comida a deixaria desgostosa, uma vez que ficaria um tanto doce e insípida, assim também o uso muito frequente de carícias se faria «desagradável» e não daria fruto algum; elas não seriam mais apreciadas, sabendo-se que são feitas por hábito. A comida a que se adicionasse grandes punhados de sal tornar-se-ia desagradável por estar muito salgada, bem como aquela em que, por sua doçura, houvesse muito açúcar. A comida em que o sal ou o açúcar foram colocados na correta medida faz-se agradável ao paladar e é apetitosa, e o mesmo com as carícias feitas com medida e discrição, as quais são úteis e agradáveis a quem as recebe.

A virtude da boa conversação pede que contribuamos para a santa e moderada alegria e que, durante as horas de recreação, travemos colóquios graciosos para o consolo e a diversão do próximo; de modo que não lhe aborreçamos com nossos semblantes mal-humorados e melancólicos, ou nos recusemos a nos divertir no tempo a isso destinado, o que seria imitar aqueles que nada querem fazer senão com medida e que não desejam conversar senão tecendo longas considerações sobre cada palavra, a fim de verificar se tudo está bem equilibrado e se não há algo que se possa contestar, tamanho é seu medo de fazer ou dizer algo sujeito a censuras. Fazem, ademais, esse exame em relação a toda e qualquer coisa, e não para saber se ofenderam a Deus, mas para descobrir se não ofereceram a alguém motivo de estimá-los menos. Gente assim decerto se torna muito desagradável àqueles com quem se relaciona, e falta-lhe gravemente a virtude da boa conversa, que exige uma comunicação franca e agradável com o próximo, contribuindo tanto quanto possível para o que sua utilidade ou seu consolo exigem [...].

Dificílimo é alcançar sempre o alvo a que tendemos. No entanto, é também veraz que devemos sempre ter a pretensão de mirar e ter por alvo a virtude que ardentemente desejamos, quer se trate da humildade, da cordialidade ou de outras. Ao mesmo tempo, não devemos perder a coragem quando deixamos de alcançar exatamente a essência da virtude; tampouco devemos nos surpreender, contanto que tentemos chegar o mais perto possível. Com efeito, é isso algo que nem mesmo os santos foram capazes de fazer em relação a cada uma das virtudes: apenas Nosso Senhor e Sua Mãe o lograram. Os santos praticavam as virtudes com atitudes assaz diferentes. Exorto-vos a pensar: que diferença há entre o espírito de Santo Agostinho e o de São Jerônimo? Pode-se notá-la a partir de seus escritos. Não há quem seja mais doce que Santo Agostinho: seus escritos são apenas doçura e suavidade. São Jerônimo, por outro lado, tem uma severidade estranha; parece ter sido muito ranzinza. Imaginai-o com uma grande barba e tendo na mão uma pedra, com a qual bate no peito; em suas epístolas, quase sempre se «enraivece». No entanto, foram ambos muito virtuosos: um superior em doçura; o outro, em austeridade; e ambos, embora não igualmente doces e rigorosos, ótimos santos [...].

É necessário, todavia, repetir: ao amor cordial vincula-se uma virtude, quase um apêndice desse amor. Trata-se de uma confiança infantil. As crianças, quando em posse de uma bela pena ou de alguma outra coisa que julgam bela, não descansam até encontrarem seus companheiros para mostrar-lha, fazendo com que compartilhem de sua alegria. Da mesma forma, desejam que os outros compartilhem de suas dores. Na verdade, quando sentem uma pequena dor na ponta do dedo, ou quando foram picadas por uma abelha, não param de contar a todos aqueles que encontram, a fim de que sintam pena delas e aliviem um pouco seu mal. Não digo que deveis ser como essas crianças; no entanto, uma confiança desse tipo decerto deve garantir que as irmãs não sejam avaras em comunicar seus pequenos bens e suas pequenas consolações aos outros, do mesmo modo como não precisam esconder suas imperfeições e seus sofrimentos. Bem sei que, se possuísseis qualquer coisa de importante, a oração silenciosa ou algo mais, seria necessário não se gabar disso; mas, quanto às nossas pequenas consolações, aos nossos bens pequeninos, gostaria eu que as pessoas não se tornassem assaz exigentes e reservadas, que, quando a oportunidade surgisse, e não por jactância ou fanfarronice, mas por simples confiança «infantil», se comunicassem de modo claro e simples umas com as outras. E, no que diz respeito aos defeitos, não tentemos escondê-los sob grandes penas; mesmo supondo que não os deixamos transparecer, não nos tornamos melhores por isso. As irmãs não acreditarão que não tendes defeitos somente por essa razão; antes, vossas imperfeições talvez sejam mais perigosas e nocivas assim do que quando descobertas, causando maior aflição a vós do que àqueles que são mais livres no revelar as suas aos outros. Não devemos, portanto, nos surpreender ou desencorajar pelas imperfeições e defeitos cometidos na frente de nossas irmãs; pelo contrário, deve deleitar-nos esse ser reconhecido pelo que somos. Cometi uma falta ou um absurdo, é verdade, mas melhor é tê-lo feito diante destas nossas irmãs que me amam muito e, portanto, saberão me suportar, uma vez que, em virtude de meu erro, terão por mim compaixão em lugar de hostilidade. Essa confiança, pois, nutrirá enormemente a simpatia e a tranquilidade de nossos espíritos, sujeitos como são a perturbar-se quando nos reconhecem «deficientes» em algo, por mais ínfimo que seja, como se fosse grande «maravilha» nos descobrir imperfeitos.

Por fim, como conclusão do que discorro sobre a cordialidade, recordemos sempre que, por uma pequena falta de doçura, cometida às vezes inadvertidamente, não se deve afligir nem acreditar que não se é cordial; não é por isso que se carece de cordialidade. Um ato ocasional, desde que não seja frequente, não torna o homem vicioso, sobretudo quando se tem verdadeira boa vontade de emendar-se.

6) A definição de cavalheiro

Bem-aventurado John Henry Newman, em *A ideia de universidade*.

É quase uma definição de cavalheiro dizer que se trata daquele que nunca provoca dor. Uma tal descrição é a um só tempo refinada e, na medida do possível, precisa. Sobretudo, ocupa-se ele tão somente de remover os obstáculos que estorvam a ação livre e desinibida dos que o rodeiam. [...] Os benefícios que produz podem ser comparados aos que se obtêm dos chamados confortos e conveniências pessoais: uma cadeira confortável ou uma boa lareira, por exemplo, as quais contribuem para o fim do frio e do cansaço, não obstante a natureza ofereça, sem elas, formas de descanso e de aquecimento animal.

Do mesmo modo, o verdadeiro cavalheiro cautelosamente evita tudo quanto possa causar choque ou abalo no espírito daqueles com os quais compartilha seu destino – todos os confrontos de opinião ou os conflitos de sentimento, toda reserva, suspeita, tristeza ou ressentimento. Sua grande preocupação está em que todos se sintam à vontade e em casa. Atenta, ainda, para todo o que lhe faz companhia: é terno com o tímido, gentil com o introvertido e compassivo com aqueles que são ridículos. Não esquece com quem está falando, abstém-se de alusões inoportunas e de temas que possam irritar. Raramente coloca-se em primeiro plano nas conversas, e nunca é cansativo. Pouco peso dá aos favores que presta, e parece sempre receber quando está a dar.

Jamais fala de si mesmo, senão quando forçado a fazê-lo, jamais se defende com uma mera acusação, não tem ouvidos para calúnias ou fofocas, é escrupuloso quando se trata de atribuir motivações aos que são para ele estorvo e tudo interpreta da melhor maneira possível. Nunca é mesquinho ou pequeno nas disputas, nunca obtém vantagem indevida, nunca toma personalidades ou gracejos por argumentos e nunca insinua um mal que não ousa expressar em palavras.

Dotado de uma prudência que enxerga longe, observa a máxima do velho sábio segundo a qual jamais devemos nos portar, com o inimigo, como se um dia viesse ele a ser amigo. É sensato o suficiente para não sentir-se afrontado diante de insultos, é ocupado o bastante para não se recordar de injúrias e assaz indolente para a malícia. É paciente, clemente e transigente nos princípios filosóficos. Submete-se à dor porque é inevitável, ao luto porque é irreparável e à morte porque é o seu destino.

Se porventura toma parte em qualquer controvérsia, seu disciplinado intelecto o preserva da constrangedora descortesia de mentes talvez melhores, mas menos cultivadas, as quais, a exemplo de armas brancas, rasgam e dilaceram em vez de ir fundo, passam longe do alvo na discussão, perdem tempo com ninharias, compreendem mal o adversário e deixam a questão mais intrincada do que quando a encontraram.

7) Oração do bom humor

Oração escrita por THOMAS HENRY BASIL WEBB (1898-1917), tradicionalmente atribuída a THOMAS MORE.

Concede-me, Senhor, uma boa digestão, mas também algo para digerir. Concede-me um corpo saudável e o bom humor necessário para o manter.

Concede-me uma alma simples que saiba valorizar o que é bom, que não se amedronte diante do mal e que encontre os meios para voltar a colocar as coisas no seu lugar.

Dá-me uma alma que não conheça o aborrecimento, nem as murmurações, nem os suspiros, nem os lamentos, nem preocupações excessivas com esse obstáculo chamado *eu*.

Concede-me, Senhor, o dom do senso de humor. Permite-me a graça de aproveitar o riso para que saboreie nesta vida um pouco de alegria e possa partilhá-la com os outros.

Amém.

ESTE LIVRO ACABOU DE SE IMPRIMIR
A 21 DE JANEIRO DE 2025,
EM PAPEL POLÉN BOLD 90g/m².